www.angenehme-vorstellung.de

Bibliographische Information Der Deutschen Bibliothek: Die Deutsche Bibliothek verzeichnet diese Publikation in der Deutschen Nationalbibliographie; detaillierte bibliographische Daten sind über http://dnb.ddb.de abrufbar.

ISBN 9783741288708

Herstellung und Verlag: BoD - Books on Demand, Norderstedt

Gestaltung und Satz:
Saskia Funke
www.sakisafu.de

Fotos: Alle Bilder © Fotolia, Schilling Buchrückseite © Marco Magielse

Die Verwendung der Texte und Bilder, auch auszugsweise, ist ohne Zustimmung der Autoren urheberrechtswidrig und strafbar. Dies gilt auch für Vervielfältigungen, Übersetzungen, Mikroverfilmung und für die Verarbeitung mit elektronischen Systemen.

Copyright © 2016 Barbara Schilling (1. Auflage)

BARBARA SCHILLING

MEIN BUCH – MEIN ERFOLG

Buchmarketing in 6 Wochen

INHALT

EINFÜHRUNG

WOCHE 1

Vorüberlegungen: Wer das Self-Publishing nutzt, hat einige Vorteile, allerdings auch sehr viel Arbeit vor sich.

- 10 Self-Publishing
- 14 Werben – aber wie?
- 16 Meine Website
- 20 Flyer gestalten (lassen)
- 22 Präsentation – was für wen?
- 24 Sofortmaßnahmen

WOCHE 2

Flyer verteilen, PR-Adressen sammeln. Außerdem: Wie man E-Mail-Adressen richtig nutzt, Mehrwerte anbieten. In Blogs und Foren werben, Leseproben posten, Rezensionen sammeln.

- 28 Gedruckt, was nun? Flyer, etc.
- 31 PR-Adressen
- 37 Mit Kritik umgehen
- 41 Sofortmaßnahmen

WOCHE 3

Medien anschreiben, Rezi-Exemplare bereitliegen haben / Organisieren, am besten Direktlink vorbereiten.

- 44 Newsletter
- 49 Rechtliches
- 50 SEO
- 52 Social Media
- 57 Sofortmaßnahmen

WOCHE 4

Zur Marke werden, Gewinnspiel, Flyer verteilen, Lesungen organisieren, Social Media Kanäle nutzen, (Sonder-)Aktionen andenken, den Leser involvieren.

- 60 Zur Marke werden – ja oder nein?
- 66 Wer bin ich?
- 69 Auf die Plätze, fertig ... los
- 73 Sofortmaßnahmen

WOCHE 5

Buchläden aufsuchen (Kommission und Lesungen aushandeln), Website pflegen: Rezensionen und Feedback einfügen, Messeauftritt in Erwägung ziehen.

76   Buchläden
78   PR – in Zeiten von Social Media
79   Rezensionen und
      Besprechungen
83   Sofortmaßnahmen

WOCHE 6

Kontaktpflege, Menschen erreichen, Wort ist Trumpf, Preise – das Spiel mit den Zahlen, Zeitmanagement und Effizienz

86   Kontakte knüpfen
      mit anderen Autoren
90   Preise
94   Twitter & Co.
99   Sofortmaßnahmen

FOLGEWOCHEN

Langfristig planen: PR Kontakte aufbauen und nutzen, Mediaplanung, Lesungen organisieren, weitere Bücher schreiben, vernetzen, bewerben – Analyse und die Erfahrungen nicht vergessen, was hat wo und wie funktioniert? Was nicht? Resultate nutzen, um effektiver zu werden.

102 Fazit

VOILÀ,

Sie haben es geschafft! Gegrübelt, geplant, gewerkelt, geschwitzt – korrigiert und weiter geschwitzt. Und nun ist es fertig: Ihr eigenes Buch. Ein schönes erhebendes Gefühl. Sie haben es sich verdient, dieses Gefühl ausgiebig zu genießen. Tun Sie das bei einem leckeren Milchkaffee, einem schönen Glas Wein oder einfach „pur". Wahnsinn, fertig. Da liegt es – schwarz auf weiß ... Genial.

Wenn das erste Hochgefühl abebbt, wird es Zeit, sich zu vergegenwärtigen: Jetzt geht der Spaß erst richtig los. Nun wird es Zeit, die Ärmel hochzukrempeln, denn ein Buch zu publizieren, heißt keineswegs automatisch auch, es zu verkaufen. Wer keinen (willigen und potenten) Verlag im Rücken hat, muss sich selbst etwas einfallen lassen, um sein Produkt im ersten Schritt bekannt zu machen … und im zweiten Schritt an den Mann und die Frau zu bringen. Zumindest wenn man den Ehrgeiz hat, mehr als ein Dutzend Exemplare im Freundeskreis zu verhökern (was ohnehin schon schwierig werden kann, da viele denken, man hat es zu verschenken, nicht zu verkaufen).

Also: Es spricht absolut nichts dagegen, sein Buch „nur" im eigenen Bücherregal zu bewundern. Und sich keinen Deut um Verkäufe, Marketing und Image zu kümmern. Jeder, wie er mag.

Autoren aber, die ihr Glück auf dem zugegebenermaßen heillos überschwemmten Büchermarkt versuchen wollen, sollten einen groben Schlachtplan haben. Unkoordiniertes

Drauflos-Werben verspricht selten Erfolg, kostet jedoch schnell eine Menge Geld.

„Wer von Büchern leben will, der werde Buchhalter."

Ganz so schlimm ist es zwar nicht – wobei, eigentlich doch ... Wer vom Schreiben leben will, muss schon eine gehörige Portion Enthusiasmus und Durchhaltevermögen mitbringen, ein wenig Glück schadet auch nicht.

Deshalb: Ich will Ihnen nicht das Blaue vom Himmel versprechen; dennoch gibt es einige Kniffe, die zum erfolgreichen Buchverkauf beitragen können – richtig und konsequent angewandt. Und tatsächlich kenne ich einige Autoren, die (auf Bafög-Niveau) tatsächlich davon leben können. Ob das jetzt mutmachend ist oder nicht, sei Ihnen überlassen.

Ich jedenfalls finde, Bücher zu schreiben ist der schönste Job der Welt!

WOCHE 1

Vorüberlegungen: Wer das Self-Publishing nutzt, hat einige Vorteile, allerdings auch sehr viel Arbeit vor sich.

SELF-PUBLISHING

Vorteil 1 Die Marge kann man prinzipiell selbst bestimmen, sollte sich aber an handelsüblichen Buchpreisen orientieren (Fachbücher bilden da die Ausnahme)

Vorteil 2 Man darf und muss alles selbst bestimmen (vom Titel bis zum Cover). Allerdings hat auch diese Variante natürlich Nachteile: Das Image der „Selfies" ist nicht immer gut, und man darf sich nicht nur, sondern muss sich um alles selbst kümmern. Nichtsdestotrotz: Self-Publishing ist schon eine tolle Sache. Viele Bücher gäbe es gar nicht ohne diese Möglichkeit. Zugegeben: Bei einigen wäre das kein großer Verlust, aber andere hätten gar keine Chance gehabt, je das Licht der (Leser-)Welt zu erblicken. Denn das Verlagsgeschäft ist hart. Wer schon einmal versucht hat, sein Manuskript bei einem renommierten Verlag unterzubringen, weiß, dass dies als unbekannter Autor beinahe aussichtslos ist. Jeder Verlag muss aussieben. Die Aussicht auf einen Verlagsvertrag ist da ähnlich erfolgsversprechend wie Lotto zu spielen. Genau das machen sich auch so viele – in meinen Augen unseriöse Druckkostenzuschussverlage - zunutze (Unseriös ist er meines Erachtens dann, wenn er dem Autor suggeriert, dass er für den investierten (oft vierstelligen) Betrag ernsthafte Chancen hat, „einfach" viele Verkäufe und hohe Gewinne einzufahren.)

Money makes the world go around ...
Die Verdienstaussichten für einen Autor selbst bei einem „normalen" Verlag (vom Olymp der Unterhaltungsliteratur mal abgesehen) sind ernüchternd, weshalb so viele – sogar renommierte Autoren - zusätzlich einem Brotjob nachgehen. Bei etwa 50 bis 100 Cents Anteil pro verkauftem Taschenbuch ist es als Autor ziemlich schwer, Millionär zu werden. Man kann sich ausrechnen, wie viele Bücher im Monat verkauft werden müss(t)en, und zwar dauerhaft, um davon nur einigermaßen leben zu können – Vorschüsse, die aber mit dem Verkaufsgewinn verrechnet werden, mal außer Acht lassend.

Die möglichen Margen bei gut produzierten selbst herausgeben Büchern bieten da mehr Chancen, auf einen grünen Zweig zu kommen. Es gibt es auf jeden Fall größeren Spielraum – gerade im Fachbuch- und Ratgeberbereich. Wer was zu sagen hat, das andere interessiert oder aus dem sie einen Nutzen ziehen können, und dabei neben der Konkurrenz bestehen kann, hat schon einmal nicht allzu schlechte Karten. Der digitale Markt hat sich zusätzlich geöffnet: Bei E-Books kann man mit Cleverness, Fleiß und Fortunas Segen schon ein paar Euro erwirtschaften – wenn das Buch gut und gut präsentiert ist. Denn ein unattraktives Buch wird auch selten ein Verkaufsschlager – Ausnahmen bestätigen die Regel. In der „Promi"-Abteilung findet man manchmal solche Bücher. Fakt ist: Auch hier sind selten wirklich „schlechte" Bücher zu finden ... im Sinne von Aufmachung, Covergestaltung, Satz und Lektorat, vom Marketing mal ganz zu schweigen ... Über den Inhalt kann man sich, ebenso wie über Geschmack, dagegen vortrefflich streiten.

Autoren – Do-it-yourself
Ein aktives und kontinuierliches Buchmarketing ist das A und O. Viele verlieren sich aber zu schnell in wenig effektiven Aktivitäten, vor allem in sozialen Netzwerken. Nicht nur das finanzielle Budget ist im Auge zu behalten, das zeitliche ist beinahe noch wichtiger. Nicht selten treffe ich hoch engagierte Autoren, die sich einfach im Internet oder auf anstrengenden Lesereisen „totgelaufen" haben. Denen im Nachhinein die Energie für das wirklich Wesentliche fehlt, nämlich weiterzuschreiben. Denn wie beim Fußball gilt: Nach dem Spiel ist vor dem Spiel. Selten ist ein einziges Buch der Knaller; in der Regel sind weitere, oft sogar zahlreiche Bücher nötig, um das Rad so richtig anzukurbeln.

Nichtsdestotrotz. Weitermachen, aber nicht mit Scheuklappen. Beinahe jeder Autor kommt einmal an den Punkt, an dem er merkt: Irgendetwas stimmt nicht. Ich brenne nicht mehr; ich drohe auszubrennen. Jeder hat seine eigene persönliche Schmerzgrenze. Weiß, wie viel er in ein Projekt stecken kann. Schlimm ist nur, die Familie, das Berufs- oder Privatleben dauerhaft zu vernachlässigen – womöglich ohne jemals wirklich Erfolg zu haben. Das frustriert. Deshalb bitte rechtzeitig einen Gang runterschalten, die Vogelperspektive einnehmen und in Ruhe n-a-c-h-d-e-n-k-e-n, ist der Schreibtisch auch noch so voll.

Regelmäßig inne halten
- Zwischenbilanzen ziehen, sich selbst gegenüber ehrlich bleiben.
- Wozu bin ich bereit?
- Wie lang genau soll diese Testphase jetzt gehen?
- Was erwarte ich konkret?
- Wo will ich in einem Jahr stehen?
(und was tue ich, wenn es nicht klappt?)
- Sie sind Autor. Klare Formulierungen helfen, klare Ziele zu benennen.
- Also nicht „mehr Bücher verkaufen" oder „neue Kontakte" knüpfen aufschreiben, sondern die Ziele am besten in Zahlen festhalten, die erste Regel jeder Werbeplanung: Wieviel Prozent Umsatzsteigerung? Wieviel nützliche Kontakte? Ergebnisse allein zählen in der Ökonomie. Das ist vielen Kreativen zuwider, aber meines Erachtens langfristig unverzichtbar.
- Die Frage ist hier nicht: Bin ich Kreativer oder Ökonom? Sondern: Was will ich erreichen?
- Genügt es mir, eine Handvoll Bücher im Jahr zu verkaufen?
- Oder (was) will ich (mehr)?
- Und wenn ja, zu welchem (persönlichen) Preis?
- Denn das (Lebens-)Zeit – und das Geld-Erfolgskonto bedingen sich gegenseitig. Und welche Seite in welcher Lebensphase schwerer wiegt, sollte man unbedingt im Auge behalten.

Ich persönlich bin kein Freund des Aufschiebens. Wenn ich eine Idee habe, will ich sie anpacken und tu es auch meist, aber eines habe ich nichtsdestotrotz gelernt: Ein Buchprojekt

> **MERKE**
>
> *Auch viele kleine Verlage in Deutschland sind darauf angewiesen, dass ein Autor sein Buch aktiv vermarktet. Nur so kann man möglichst viele Leser auf das eigene Werk aufmerksam machen. Sie sind also nicht allein.*

ist aufzuschieben, der Geburtstag des eigenen Kindes oder besten Freundes nicht. Es wird nicht leicht werden, vom Schreiben zu leben. Allein die Armutsgrenze (bei einem Single-Haushalt von 892 EUR, in Berlin von 814 EUR) Einkommen pro Monat mit dem Schreiben zu überschreiten, ist eine Herausforderung. Das muss man sich immer klar machen.

By the way
Noch etwas aus der Psychologie: Wenn man sich etwas vornimmt und nicht innerhalb der nächsten 72 Stunden anfängt, sinkt die Wahrscheinlichkeit gen Null, dass man es überhaupt noch tut.

WERBEN – ABER WIE?

Aber wie das Richtige herausfiltern? Schließlich sind die wenigsten Autoren auch Marketingprofis im Buchhandelsbereich. Unzählige Optionen, vielversprechend klingend, angeblich vielfach erprobt, erschweren den Überblick.
Was soll man machen? Wo soll man werben? Und wann? Wie oft? In welcher Form?

Erste Überlegungen zum Thema Werbung
- Welche Medien stehen zur Auswahl?
- Wie sieht eine gute Anzeige aus?
- Online oder offline?
- Lohnt sich eine „Einmal-Aktion"?
- Was macht einen informativen Flyer aus?
- Wie organisiere ich Lesungen?

- Wie erreiche und binde ich meine Leser?
- Welche Budget kann und will ich bereitstellen?
- Wie kann ich dieses Budget am effizientesten einsetzen?

Wichtig ist herauszufinden, in welche Sparte mein Buch gehört!
- Wo ist es einzuordnen? Welche Leser will und kann ich erreichen?
- Wie wichtig sind Rezensionen und Leserbewertungen?
- Was kann ich dafür tun?

Faustregel
Analysieren, spezifizieren, auswählen

Welche Art von Buch habe ich geschrieben?
- Wie sieht meine Kernzielgruppe aus?
- Lässt sich das verifizieren oder ist das lediglich eine Vermutung? (Beispiel Kinderbuch – auf den ersten Blick sind es die Kinder, doch auf den zweiten … Zielgruppe sind eher Eltern, Großeltern, Verwandte, denn diese sind die Käufer …)
- Wo ist mein Buch erhältlich? Deckt sich dies mit den Gewohnheiten meiner Zielgruppe?

Was ist das Besondere an meinem Buch? Was ist sein / mein USP (Unique Selling Proposition), was macht mein Buch besonders?
- Auch eine SWOT-Analyse kann hilfreich sein: Wo liegen die Stärken und Schwächen?
- Mit welchen (außergewöhnlichen) Werbemaßnahmen kann ich (meine Zielgruppe) auf mein Buch aufmerksam machen?

MERKE

In der SWOT-Analyse werden Stärken und Schwächen definiert, Chancen und Risiken eruiert und schließlich Maßnahmen festgelegt.

MEINE WEBSITE

Eine eigene Website ist ein relativ preiswertes, sinnvolles, und flexibles Werbe- und Informationsmittel. Der Tausendsassa unter den Medien, denn es stellt Dutzende Optionen zur Verfügung:

Buchinformationen, Autorenvita, Lesungstermine, Fotoimpressionen, Aktionen, Blog oder Buchminishop. Sogar Videos und Animationen, Trailer, Share-Funktion oder ein eigenes Forum – alles ist möglich.

Die Erstkosten für eine funktionierende Seite sind deutlich gesunken. Heute kann man statt „teurer" Programmierer oder hässlicher, werbebesetzter Baukastensysteme sehr preiswert bereits vorgefertigte Themes inkl. unterschiedlicher Module kaufen, die mit ein wenig Geduld auch selbst einzurichten und mit Inhalt zu bestücken sind. An responsive Design, sprich die Eigenschaft, dass die Website auch auf mobilen Geräten wie Tablet und Smartphone entsprechend dargestellt werden, wird dabei ebenso gedacht wie an ein professionelles und funktionales Erscheinungsbild. Zum Beispiel bei Themeforest oder designers-inn.de.

Die eigene Webpräsenz ist maßgeblich. Alle wichtigen Infos sind dort versammelt. Hier stellen Sie Ihr Projekt attraktiv und anschaulich - kurz und knapp - vor. An dieser Stelle kann der Interessierte mit Ihnen Kontakt aufnehmen. Ganz gleich ob aus Neugier oder wegen einer Interview- oder Bestellanfrage. Besonders klug ist es, einen gut sichtbaren Link zu offerieren, um es dem Leser so einfach wie möglich zu machen: Mit einem Klick zur Buchbestellung. Entweder direkt zu einem Onlineanbieter oder als Direktbestellung an Sie. (Achtung aber, was das Verkaufen im Internet angeht …)

> *Fakt ist: Websiten zu erstellen ist nichts, was man nicht lernen kann. Allerdings sind richtig gute Websiten eine Kunst, d. h. nichts ist peinlicher als eine offensichtlich selbst zusammengezimmerte Homepage, der man ansieht, das sich der Laie dort ausgetobt hat – ohne die Grundregeln von Gestaltung und Funktionalität zu beachten. Es ist kein Makel, das nicht zu können, aber es ist meiner Ansicht nach ein Fehler, sich keine adäquate Hilfe zu holen. Es sei denn, es genügt einem völlig, sich als Hobbyautor zu präsentieren. Wer allerdings höhere Ansprüche hat, muss auch investieren. In Know-how und Erfahrung. Entweder engagiert man einen professionellen Webdesigner, der Design und Programmierung übernimmt oder aber man versucht sich selbst, allerdings mit Profi-Hilfsmitteln. Es ist durchaus möglich, ohne HTML- oder Programmiersprachenkenntnisse mittels vorgefertigter Themes eine kleine, feine Seite aufzusetzen, der man nicht ansieht, dass sie „selbst gemacht" ist. Wie immer gilt auch hier: Auf das richtige Werkzeug kommt es an. Wenn die Seite dann noch SEO-optimiert wird – perfekt … aber das ist schon wieder der nächste Schritt.*

(Alternativ kann auch eine Seite auf z. B. Facebook eingerichtet werden, das hat aber einige Nachteile. So ist man z. B. stark an diese eine Plattform gebunden.)

MERKE

To do
Wenige interessante Infos übersichtlich und optisch ansprechend platzieren. Vermeiden: Peinliche Fremdwerbung auf der eigenen Seite; sieht billig aus und lenkt ab.

EXKURS

Landingpages

Eine Landingpage ist im Prinzip eine Mini-Website. Sie stellt eine spezielle Seite des Gesamt-Internetauftritts da, auf der der Besucher landet, wenn auf ein Online-Werbemittel geklickt hat. Werbe-Links können in Form einfacher Texte, von Werbebannern, E-Mails, Buttons etc. auftreten. Auch Suchergebnisse bei der Benutzung von Suchmaschinen oder auch weiterleitende Links aus Newslettern können zur Landingpage führen. Sie ist die Schnittstelle zwischen der geschalteten Werbekampagne und dem erwünschten Verhalten des Users. Sie XXX relevante Infos bereithalten; darunter ein Call-to-action-Hinweis, sprich eine konkrete Handlungsaufforderung.

Was nun gehört auf so eine Homepage?
Erlaubt ist, was gefällt. Nur eines ist verboten: Den Besucher zu langweilen – mein Tipp: Verzichten Sie auf endlose Tiraden, wieso und weshalb Sie mit dem Schreiben begonnen haben (es sei denn, Sie haben wirklich etwas neues zu erzählen).

Drauf sollte: Vorstellung des Buches, ggf. der Geschichte dahinter, der eigenen Person, sowie je nach Geschmack Leseproben, Bilder und evtl. ein PressKit, ein Paket für die Presse zum Download, das einen Kurztext, relevante Bilder und das Buchcover in Druckauflösung (300 dpi) enthält. Diese Zusammenstellung spart Zeit und Nerven. Auch Rezensionen und Terminankündigungen für Lesungen oder redaktionelle Auftritte finden hier ihren Platz. Zudem verlinkt die Seite zu einem Online-Shop oder ähnliches, wo der Interessierte das Buch gleich kaufen kann.

Nun ist es allerdings so, dass auch Homepagebesucher nicht vom Himmel fallen; noch kennt keiner Ihre Seite. Das heißt, Sie müssen sie bekannt machen.

Erste Regel: Ihre – klug gewählte (d. h. kurz und eingängig) – Webadresse (also bitte nicht www.hanswernerungarner-blumebuch.com) taucht überall auf. Sie geben sie immer an, bei jedem schriftlichen Kommunizieren, in allen Foren, auf allen Flyern, Lesezeichen, E-Mails oder Anzeigen. Sie ist der Dreh- und Angelpunkt all Ihrer Marketingaktivitäten. Das bedeutet auch, dass Sie Ihre Website halbwegs aktuell halten sollten – und zwar nicht nur inhaltlich, sondern auch, was technische und sicherheitsrelevante Aspekte angeht.

Man kann Vieles automatisieren. Neue Posts auf Ihrem Websiteblog werden dann automatisch in Twitter und auf Facebook angeteasert … Spart Zeit und das Copy and Paste Gehampel. Man kann sogar einstellen, dass in regelmäßigen Intervallen Blog-Nachrichten aus benachbarten Themenbereichen automatisch dort gepostet werden.

Die Hauptaufgabe der Landingpage besteht dann darin, direkt aus Besuchern qualifizierte Interessenten und potentielle Kunden zu machen. Insofern unterscheidet sich die Landingpage maßgeblich von einer „normalen" Internetpräsenz oder deren Startseite (Homepage). Die Landingpage soll nicht umfassende Informationen vermitteln. Sie soll allein (für den Verkauf) relevante Informationen bereit halten. Vor allem die Navigation auf der Landingpage muss bestmöglich optimiert sein: kurz, kürzer, noch kürzer – ein überflüssiger Klick o. ä. kann bereits den Erfolg gefährden. Das Ziel, den Interessenten zu einer Anfrage, Bestellung oder einer Kaufentscheidung zu bewegen, wird nur durch eine userfreundliche Ansprache erreicht. Das gilt auch für den intuitiv zu gestaltenden und auf wenige Schritte zu reduzierenden Bestellvorgang. Technische Standards: Die Landingpage ist für verschiedene aktuelle Browser zu optimieren. Ratsam ist auch die Kompatibilität zu älteren Browserversionen zu gewährleisten, da nicht jeder User immer mit seiner Nutzersoftware „up-to-date" ist.

Auf der Landingpage fordern Sie konsequent zum Handeln auf: „Jetzt bestellen", Newsletter abonnieren oder ähnliches …

MERKE

Landeseiten sollen direkt zu einem Kaufabschluss oder einer Anfrage führen. Dies erfordert spezifische Anforderungen an Konzeption, Gestaltung und Umsetzung. Dies beginnt bereits bei der intelligenten Wahl der Domain: Die Webadresse der Landingpage sollte kurz und einprägsam sein.

FLYER GESTALTEN (LASSEN)

Gestaltung ist … wichtig. Selbstgemachte und gar hochkopierte Zettel mögen für eine Schulaufführung ausreichend sein und anrührend wirken, aber für einen halbwegs professionellen Auftritt ist dies ein NO GO! Also suchen wir uns einen Profi, Gestalter gibt es inzwischen wie Sand am Meer. Vorsicht, der Begriff Grafikdesigner ist nicht geschützt, jeder kann sich so nennen. Das heißt aber nicht, dass auch jeder professionell gestalten kann. Über Geschmack lässt sich bekanntlich streiten, doch einen gut gemachten Flyer erkennt man rasch.

Design ist nicht heute nur „schön", sondern integraler Bestandteil unternehmerischen Erfolgs. Heute gilt es, einen intelligenten Dialog der Medien zu finden. Moderne Kommunikation schließt den Kreis zwischen analoger und digitaler Welt. Design ist nicht nur schick. Es ist Beratung, Konzept, Entwicklung - Gestaltung. 90% der deutschen Markenunternehmen sehen Design als Instrument, sich auf dem Markt zu positionieren.

Das sollten wir Buchstabenaffinen nicht ignorieren. Vor allem, wenn wir ein Produkt an den Mann (und die Frau) bringen wollen, das in den meisten Fällen emotional funktioniert (und in weiten Teilen in die Kategorie Unterhaltung / Kunst) fällt. Design ist das Fundament, das dem Inhalt Form gibt. Es ist damit kaum überzubewerten. Schließlich wird der Flyer der erste (und eventuell vorerst letzte) Eindruck sein, den der Leser von uns und unserem Werk erhält.

Frage: Was ist gutes Design? Antwort: Erfolgreich.
Mittlerweile ist Design für die meisten Firmen mit erfolgsentscheidend. Es ist die Schnittstelle zwischen Produkt und Anwender: function follows design. Ein Cover sagt mehr als tausend Worte.

Wie finde ich den richtigen „Mann"?
Einen Designer Ihres Vertrauens zu finden ist eigentlich ganz einfach: Entweder über Empfehlungen, aber Achtung vor gut gemeintem aber oft tragischem Halbwissen, oder über entsprechende Portale. Dabei sind Stundensätze von 50 bis 95 EUR netto durchaus an der Tagesordnung. Lassen Sie sich Referenzen zeigen und ein Angebot erstellen, damit Sie wissen, worauf Sie sich einlassen. Wenn Sie jemanden zuverlässigen gefunden haben, der zu Ihnen passt, halten Sie sich ihn warm, es kommt (ja hoffentlich) noch mehr.

(Wer es sich gar nicht leisten kann: Für kleines Geld …
Auf z. B. fiverr.com kann man preiswert – ab 5 Dollar, einen ordentlichen Flyer erstellen lassen. Auch Buchcover etc. …)
das Geld ist gut investiert.

Ohne Druck geht nix
Auch beim Druck sollte es nicht die billigste der billigsten Druckereien sein. Ab einer gewissen Stückzahl (500 Stk. z. B.) sollte ein Offsetdruck gewählt werden, er ist qualitativ hochwertiger und dann irgendwann auch preiswerter als der Digitaldruck (z. B. Flyeralarm.com, laser-line.de) Und achten Sie darauf, dass keine aus dem Netz gezogenen Bilder verwendet werden, sondern eigene oder solche, die man bei

Datenbanken schon preiswert erstehen kann (z. B. fotolia. de, ab 79 Cent / Bild oder pixelbay.com …) und die man kommerziell nutzen darf, denn: Urheberrechtsverletzungen können ab 25.000 EUR geahndet werden. Außerdem ist es den Kollegen gegenüber unfair, sich umsonst zu bedienen … Schließlich möchten Sie ja auch nicht, dass man über Ihre Ideen und Texte frei verfügt.

PRÄSENTATION – WAS FÜR WEN?

Werbung ist ein komplexes Thema. Vor allem die Gestaltung sollte wohlüberlegt sein. Die Zielgruppe ist das Einzige, was Sie hierbei nie außer Acht lassen dürfen.

Mannomann?! Gibt es Unterschiede im Bereich der Zielgruppe die beim Buchverkauf zu beachten sind? Das so genannte Gender-Marketing befasst sich mit diesem Thema. Kauft eine Frau anders als ein Mann? Kann und darf man diese Unterschiede nutzen? Fakt ist, die Zielgruppenansprache ist das A und O. Wer bestimmte Aspekte leugnet, verschenkt eventuell großes Potential.

Wissenschaftliche Arbeiten haben gravierende geschlechterspezifische Unterschiede im Konsumverhalten festgestellt. Gender-Marketing basiert im Gegensatz zu soziologischen Gender-Studies auf der Erkenntnis, dass bei Konsumenten durchaus geschlechtsspezifische Vorlieben und Verhaltenstendenzen festzustellen sind. Hierbei muss man zwangsläufig mit Pauschalisierungen arbeiten. Frauen unterscheiden sich im Kaufentscheidungsprozess von Männern. Für Frauen scheint das Einkaufen mehr „Erlebnis" zu sein als für Männer. Keine große Überraschung: Frauen shoppen häufig lieber als die Herren der Schöpfung.

> *Interessant: Männer konzentrieren sich in Verkaufsgesprächen zu 70 % auf das Produkt, nur zu 30 % auf den Verkäufer, bei Frauen ist es umgekehrt. Frauen stöbern und vergleichen gern. Sie entscheiden sehr viel komplexer. Männer wollen Fakten und schnelle Lösungen? Im Groben und Ganzen ... ja. Frauen schauen eher nach Alternativen – auch Meinungen der Freunde sind für die Entscheidungsfindung bedeutsam. Sie legen im Allgemeinen mehr Wert auf Ästhetik (Stichwort Aufmachung / Präsentation), private Empfehlung (Stichwort virales Marketing) und emotionalen Nutzen. Männer hingegen wollen theoretisch: Test- und Vergleichsberichte, Expertenwissen und Innovationen.*

So kann z. B. allein die Farbwahl mitentscheiden, ob eine Anzeige oder ein Shop ein Erfolg wird (Stichwort Split-Testing, Anzeige mit verschiedenen Farbgebungen oder Headlines testen). Also lohnt es, sich Gedanken über Muster, Beratung oder Kundenmeinungen, über ausführliche Beschreibungen und die Bildsprache zu machen. Ebenso über Animationen, Angebotsvergleiche und Profiwissen ... Ergo: Die Produktwelt rund um Ihr Buch entsprechend Ihrer Hauptzielgruppe gestalten – und immer wieder nachbessern. Das ist das Credo.

Doch wie ermittelt man diese?
Zum Einen besteht die Möglichkeit, sich möglichst genau anzugucken, wer bereits Ihr Buch gekauft hat. Soziodemografische Hinweise lassen das Erstellen einer Erst-Strategie für das weitere Vorgehen zu: Alter, Geschlecht, Bildung, Einkommen, Wohnort, Gewohnheiten, Weltsicht, Religion, Hobbys ...
Zum Anderen fragen Sie sich, wen Sie ansprechen wollen. Antworten wie „alle" oder „Kinder" zählen nicht. Etwas genauer bitte. Für wen konkret könnte Ihr Buch / Ihre Geschichte interessant sein?

SOFORTMAßNAHMEN

- ☑ Was ist das Besondere an meinem Buch?

- ☑ Wo liegen meine Stärken und Schwächen?

- ☑ Mini-Website erstellen (lassen).

- ☑ Einen Social Media Kanal anlegen und nutzen.

- ☑ Weiterüberlegen: Mit welchen (außergewöhnlichen) Werbemaßnahmen kann ich (meine Zielgruppe) auf mein Buch aufmerksam machen?

Print Erfolg Onl

PR Kommunika

erbung

mpagne

rucksachen

edien kreativ

WOCHE 2

Flyer verteilen, PR-Adressen sammeln.
Außerdem: Wie man E-Mail-Adressen richtig nutzt, Mehrwerte anbieten. In Blogs und Foren werben, Leseproben posten, Rezensionen sammeln.

GEDRUCKT, WAS NUN? FLYER, ETC.

Verteilung

Was macht man nun mit den Flyern? Alles – nur nicht in der Schublade verstauben lassen! Freunden und Bekannten in die Hand drücken, oder, wo es erlaubt ist, ans schwarze Brett pinnen. Bekannte bitten, dasselbe zu tun: Flyer auslegen, wo es geht … Am besten natürlich in Buchhandlungen und Kulturzentren bzw. dort, wo sich Ihre Zielgruppe möglicherweise aufhält. Auch beim Arzt im Wartezimmer macht sich das meist ganz gut (natürlich nur, wenn dieser einverstanden ist).

Nicht vergessen: Immer ein paar in der Tasche dabei haben, aber bitte in einer Folie, damit sie nicht zerfleddert und unattraktiv aussehen, wenn sie denn endlich zum Einsatz kommen.

Man kann auch recht preiswert z. B. Schüler anheuern, die die Flyer verteilen sollen – allerdings besteht die Gefahr, dass diese im Müllkasten landen oder dass Keine-Werbung-erwünscht-Schilder missachtet werden.

Eine andere Möglichkeit ist, die Postkartenständer, die es inzwischen in beinahe jedem Café gibt, zu bestücken. Sie kann man meist über ein Netz buchen. Kosten/ Nutzen sollte man vorher abwägen; ein Testmonat kann helfen. Bitte keine langfristigen Verträge unterschreiben.

Die so genannten Edgar-Cards haben ein ganz gutes Verteilersystem, allerdings müssen die Karten extra im passenden Format gedruckt werden.

Willkommen im Club

Buchclubs oder –affine in der Umgebung ausmachen: Oft gibt es Buchclubs, Lesekreise oder Literaturabende in der Umgebung. Vielleicht kann man hier mal kurz und unkompliziert sein Buch vorstellen, unbedingt Flyer mitnehmen und bestenfalls gleich ein paar Verkaufsexemplare, falls jemand gleich zuschlagen will.

Lampenfieber? Schwitzige Hände? Das gehört dazu. Bereiten Sie sich vor, und schlucken Sie die Aufregung hinunter. Niemand reißt Ihnen den Kopf ab. Was soll schlimmstenfalls passieren? Ihr Buch stößt auf wenig Interesse? Na und, ganz ehrlich, das sind Sie sicher schon gewöhnt … Beim nächsten Mal klappt es sicher besser.) Meist wird es viel besser als gedacht! Versprochen …

Seien Sie sich auch nicht zu gut, zu vermeintlichen „Seniorenkränzchen" und Laienkursen zu gehen … Hauptsache, Sie stoßen auf Buchinteressierte bzw. Menschen, die sich mit Ihrem Thema befassen. Alle jene sind eventuelle „Weiterträger", in der Werbesprache so genannte Peer Groups, - virales Marketing, es spricht sich im besten Fall rum wie ein Virus, ist ein wichtiger Bestandteil moderner Kampagnen.

Machen Sie nicht gleich eine komplette Werbeveranstaltung aus jedem Auftritt. Buch und Thema sollten im Mittelpunkt stehen. Man darf nur nicht verpassen, den Interessierten die Möglichkeit zu geben, unkompliziert ein Buch zu erstehen.

Buchblogs recherchieren, special-interest Gruppen auftun.
Buchblogs gibt es in Hülle und Fülle im Internet. Suchen Sie sich die meist gelesensten und / oder sympathischsten aus und schauen Sie, wo es thematisch passen könnte, Ihr Buch zu platzieren bzw. bitten Sie um eine Rezension (auch auf die Gefahr hin, dass Ihnen das Ergebnis nicht gefällt. Wer nicht wagt, der nicht gewinnt.) Versuchen Sie positive Rezensionen und Reaktionen (mit Einverständnis des Urhebers) weiterzuverbreiten. Das heißt im Netz konkret: Auf Ihre Website zu stellen, auf Facebook und Twitter in Ihrer Timeline zu teilen, darauf zu verlinken, etc.

Toll sind Gruppen, die um spezielle Interessen kreisen. Hier haben Sie kaum Streuverlust, was die Zielgruppe angeht, sprich, fast alle sind wahrscheinlich auch an Ihrem Buch, zumindest jedoch an dem Thema interessiert. Im Internet kann man sich in entsprechenden Foren prima austauschen und mit wirklichem Wissen glänzen, dann irgendwann sein Buch vorstellen … Nicht gleich mit der Tür ins Haus fallen, das haben die Teilnehmer meist gar nicht gern; manche werfen einen dann sogar gleich wieder hinaus. Ihr Buch sollte einen echten Mehrwert symbolisieren; das aufzubauen dauert etwas, weshalb es klug ist, sich in Gruppen mit einer gewissen Mitglieder-Stärke zu engagieren und nicht mit nur einer Handvoll Teilnehmer.

PR-ADRESSEN

E-Mail Adressen fallen nicht vom Himmel. Und auch wenn man sie zu Hunderten kaufen kann, wovon ich dringend abrate, nutzen sie nur etwas, wenn sie

a) echt sind, d. h. von Menschen, die ihre Mails auch regelmäßig abrufen und

b) überhaupt nutzbar sind; schließlich darf nicht jeder(Privat) Mann eine E-Mail zum Buch schicken.

Für Ihre PR (Public Relations) nutzen dürfen Sie im Internet frei zugängliche Mailadressen von Zeitschriften etc., um in einer Pressemitteilung über Ihr Buch zu informieren. Außerdem können Sie Bekannte und Leseinteressierte fragen, am besten schriftlich, ob es in Ordnung ist, wenn Sie Ihnen eine Buchvorstellung per Mail zukommen lassen. Aber diese dann bitte auch nur dafür benutzen. Unbedingt die Ansprechpartner dazu korrekt notieren, eine persönliche Ansprache hat viel mehr Potential als ein anonymes „Sehr geehrte Damen und Herren" … Zudem macht es sich gut, bei Lesungen Maillisten auszulegen, manchmal als Anreiz gekoppelt mit einer Buchverlosung o. ä., um an weitere Mailadressen von Begeisterten zu kommen. Es sollte nicht nur, sondern MUSS stets eine eingebaute Abmeldefunktion integriert sein, die schnell und unkompliziert genutzt werden kann. Das ist auch in Ihrem Sinne, denn nichts ist nutzloser oder sogar schädlicher (bei steigendem Genervtsein des Empfängers) als eine negativ betrachtete Mail. Ergo, „echte" Mailadressen von wohlwollenden und vor allem mehr oder weniger interessierten Lesern sind Gold wert; diese Liste entsteht nicht von heute auf morgen. Aber man wundert sich doch, wie viele Adressen man zusammentragen kann, wenn man erst einmal über seinen Schatten springt und sich zu fragen traut. Wer fleißig sammelt, kann innerhalb recht kurzer Zeit einen kleinen Stamm an Adressen zusammen haben. Gekaufte Listen sind rausgeschmissenes Geld, weil SPAM-prädestiniert und außerdem nicht unbedingt legal. Fangen Sie lieber klein an und arbeiten Sie sich hoch. Einfach und ziemlich reichweitenstark kann auch alternativ oder ergänzend das Posten in den sozialen Netzwerken eingesetzt werden.

> **MERKE**
> *Radikal sein bei der Buchvorstellung, im Sinne von: Nicht bewerben, sondern verbinden – seien Sie Ihr Buch, wenn Sie es vorstellen. Stehen Sie 110 Prozent dahinter, das bemerkt man – auch indirekt.*

Welche Art von PR möchte ich betreiben?
- regelmäßige Informationen
- Überzeugung
- Vermittlung von Kompetenz
- Vertrauensbildung
- Image
- Transparenz beweisen
- Kontakt- und Beziehungspflege
- Zukunftsausrichtung
- Umfrage
- Angebotsunterbreitung

wobei das letzte eigentlich nicht zu den klassischen PR zählt. Eine Faustregel funktioniert im viralen Marketing und in der PR-Arbeit oft ganz gut. Nachvollziehbar bleiben. Sich fragen, warum man – aus Empfängersicht – nun diese Nachricht bekommt …

Rezensionen/ Leserbewertungen
Zahlreiche Foren, die gern kostenlos lesen und diese Bücher dann bewerten. Aber Achtung, es muss Ihnen nicht immer gefallen, was andere über Ihr Buch denken und schreiben. Wer aber unverhältnismäßige Kritik (persönlich beleidigend o. ä.) einstecken muss, kann unter Umständen eine Löschung beim Betreiber der Webseite beantragen. Ob diese dann aber auch vorgenommen wird, steht auf einem anderen Blatt.

Der Versand kostenloser Rezensionsexemplare an Journalisten ist Gang und Gäbe in der Pressearbeit. Das bedeutet jedoch nicht, dass Sie verpflichtet sind, jedem Anfragenden ein Exemplar aus eigener Tasche zahlen und schicken zu müssen. Der Anbieter BoD z. B. übernimmt dies für Sie, allerdings nur gegen Vorlage eines gültigen Presseausweises der interessierten Journalisten.

> *By the way*
> *Self-Publishing ist eine tolle Sache. Jeder kann heute als Autor sein eigenes Buch veröffentlichen. Doch die Veröffentlichung ist nur der erste Schritt. Wer mit seinem Titel Geld verdienen will, muss viele potentielle Leser erreichen.*

Wie gesagt: Auch kleine Verlage sind darauf angewiesen, dass ein Autor sein Buch aktiv vermarktet. Die Konkurrenz ist groß, geschätzte Neuveröffentlichungen pro Jahr: 100.000! Und das sind wie gesagt nur die neu publizierten, abgesehen von den Abertausenden Titeln, die bereits seit Jahren am Markt existieren. Was den meisten Umsatz ausmacht?

EXKURS

PR

Man kann nicht nicht kommunizieren. Dieser Leitsatz des Kommunikationswissenschaftlers Paul Watzlawick ist so legendär wie wahr. Denn auch wenn nichts gesagt wird, wird etwas kommuniziert. Um die Kommunikation in die gewünschte Richtung zu steuern, sind einige PR-Grundprinzipien nützlich. Damit Fremdbild und Selbstbild nicht zu weit auseinanderklaffen, empfiehlt sich ein einheitlicher Auftritt. Grafisch und im Tonfall. Zudem muss differenziert werden.

Zahlen: Nach wie vor Belletristik (über ein Drittel aller Bücher), gefolgt von Kinder- und Jugendbüchern und Ratgebern (ca. 15 %), knapp 10 % des Umsatzes am Buchmarkt machen Sachbücher aus, dann kommen Schul- und Lernbücher, Reisebücher, etc. Im Durchschnitt liegt der Marktpreis für ein belletristisches Werk knapp über 13 EUR, für ein Kinder- oder Jugendbuch knapp unter 13 EUR.

Bei Ratgebern sieht es schon anders aus: knapp 25 EUR, bei Sachbüchern sogar knapp 45 EUR.

Und: Oft totgesagt, aber immer noch am Start - das beliebteste Weihnachtsgeschenk ist nach wie vor: Das BUCH.

Kohle oder Ideal?
Wir bewegen uns im semiprofessionellen Bereich; wird das Bücherschreiben als reines Hobby betrachtet, können an dieser Stelle getrost einige Seiten überblättert werden. Wem die Wirtschaftlichkeit seiner Projekte nicht egal ist, der bleibe dran ...

Ein kleines Marketing-Konzept ist daher unerlässlich, gerade und vor allem, wenn Sie Belletristik veröffentlichen.

Woher schon muss klar sein:
- Wo wollen Sie Ihr Buch bewerben?
- Welche Medien passen?
- In welchen Autoren-Foren lohnt es sich?
- Wie können die Sozialen Medien (Facebook, Twitter, Google+) eingebunden werden?

- Über welche Kanäle soll und kann das Buch vermarktet werden?
- Wie hoch ist das Budget? Und wie soll es eingesetzt werden?

Es macht sicher wenig Sinn, in eine einzige großformatige Anzeige zu investieren. Streuung im Sinne der Zielgruppe(n) ist sicher nicht verkehrt, vor allem, weil eine einzige Anzeige aus marketingtechnischer Sicht quasi wirkungslos verpufft. Sich dies immer wieder (angenehm) ins Gedächtnis zu rufen, ist die Kunst …

„Natürlich läuft die kommerzielle Kunst stets Gefahr, als Hure zu enden. Aber die im Elfenbeinturm endet nicht selten einsam als alte Jungfrau …"

Zum Thema Autorenforum: Wichtig ist, dass Sie auf diesen Autorenseiten entsprechend als Mitglied aktiv sind. Teilen Sie interessante Infos, besprechen Sie andere Texte und kommentieren Sie. Wer zu viel Eigenwerbung macht, ist schnell unbeliebt. Auf allen Hochzeiten kann man nicht tanzen. Wählen Sie einige wenige Seiten aus, wo es Sinn und Freude macht, aktiv zu sein.

Manche Blogs bieten neben einer Buchbesprechung auch Autoren-Interviews. Wo immer Sie die Möglichkeit haben, in dieser Form über Ihr Buch zu reden; nehmen Sie sie wahr. Sprechen Sie vor allem Blogs und Portale an, die zu Ihrem Genre passen. Hier bestehen die größten Chancen, Ihr Buch bekannt zu machen. Bereiten Sie einen Fragebogen mit

> **MERKE**
>
> *Damit wir uns richtig verstehen: Sobald Sie irgendwo in Foren etc. bezahlen sollen, schauen Sie sich die Leistung, die Sie dafür erhalten, sehr genau an. Es sprießen die Abzockerseiten im Netz förmlich aus dem Boden, die naiven Autorenneulingen gegen Bezahlung das Blaue vom Himmel versprechen. Schalten Sie immer Ihren gesunden Menschenverstand ein, ist die Sehnsucht und Verlockung auch noch so groß. Bleiben Sie realistisch und: Vergleichen Sie. Wo und was bekomme ich (garantiert) anderswo für mein Geld? Werbung ist nicht gleich Werbung.*

interessanten Fragen vor. Auch lokale Medien, wie Zeitungen oder Radiosender könnten an einem solchen Autoren-Interview, vor allem, wenn Sie etwas Besonderes zu sagen haben, oder gerade gut ins Zeitgeschehen passen, interessiert sein. Aber machen Sie sich da nicht allzu viele Hoffnungen. Meist werden die Redaktionen von (für sie irrelevanten) Meldungen überflutet.

Auch bei der 6-Wochen Regel gilt: Bleiben Sie dran. Wer dauerhaftes Buchmarketing betreibt, wird auch enttäuscht werden. Nach einem tollen Beitrag über Ihr Werk herrscht vielleicht wieder wochenlang Flaute, trotz aller Bemühungen. Lassen Sie sich von solchen kleinen Rückschlägen nicht entmutigen.

Leseproben füttern den Leser an; sie zeigen, was ihn erwartet und sind gut als Vorgucker auf das Buch zu nutzen. Wählen Sie eine aussagekräftige Passage aus, es muss nicht immer der Anfang sein. Selbstredend sollte die Probe fehlerfrei und gut lesbar ins Netz gestellt werden (Gedruckte Leseprobe können funktionieren, wenn sie entsprechend verteilt werden, doch meist ist diese Aktion zu teuer – vergleicht man den Aufwand mit der Rücklaufquote.) Sie sollte nicht zu lang sein, kurz genug, um zu fesseln und lang genug, um einen (positiven) Eindruck zu hinterlassen. Um kein Potential zu verschenken, wird die Leseprobe wenn möglich direkt mit der Möglichkeit zur (einfachen) Buchbestellung gekoppelt. Nicht vergessen: Ein Klick ist sehr gut, zwei Klicks sind gut, nach drei Klicks sind die ersten User schon wieder fort.

Wer neugierig machen will, verspricht dem Leser das Gewünschte; der verkaufen will, zeigt ihm einen einfachen Weg auf, wer überzeugen will, hält seine Versprechen.

MIT KRITIK UMGEHEN

Nehmen Sie um Gottes willen konstruktive Kritik an, gerade wenn Sie noch am Anfang Ihrer Schriftstellerdaseins stehen. Lassen Sie sich nicht zu schnell entmutigen, lesen Sie jedoch aufmerksam, was angemerkt wird. Davon können Sie – auch wenn Sie mit Ihrem Buch unmöglich jeden Geschmack treffen können – nur profitieren.

> *FAZIT*
> *Aktives und kontinuierliches Buchmarketing ist durchaus lohnenswert, wenn Sie es mit Leidenschaft betreiben und bereit sind, sich zu verbessern, auf allen Ebenen. Sowohl inhaltlich/ textlich im eigenen Werk, als auch drumherum, und wenn Sie Kritik als inspirierend empfinden, zumindest diejenige, die es verdient hat. Synergien nutzen – eigene Bücher gegenseitig bewerben, gern auch mit befreundeten Autoren, aber bitte nur thematisch passend und von bester Qualität.*

Freunde und Bekannte informieren: Ein sensibles Thema.
Jeder muss seine eigene, persönliche Schmerzgrenze finden – wie weit mag / kann ich gehen? Schließlich sind Freundschaften und angenehme soziale Kontakte wichtiger, als der eine oder andere Buchverkauf … ODER?! Doch wie gesagt:

Aufs eigene Bauchgefühl hören und gedanklich ab und zu einen Schritt zurückgehen: Werde ich gerade aufdringlich, ist das jetzt zu viel / zu oft /einfach unpassend? Andererseits, wer nichts sagt, kann auch nicht gehört werden. Und vielen Menschen fällt es sehr schwer, über ihren eigenen langen, tiefschwarzen Schatten zu springen.

Zum Beispiel hab ich mich das erste mal lange gegrämt, bevor ich den Mut aufbrachte, eine nette Dame mit Krimskramsladen und Zeitschriften um die Ecke zu fragen, ob sie mein Buch (mein erster Roman: Meine Berliner Kindheit) auf Kommission verkaufen möchte. Mit dem Ergebnis, dass ich, als ich mich endlich durchgerungen hatte, nicht nur einige Exemplare darüber verkaufte, sondern auch ein solch motivierendes Feedback bekam, dass ich einige Zeit später den zweiten Berlinroman schrieb. Die positive Resonanz hat mein Selbstbewusstsein ungemein gestärkt. Genauso erging es mir, was Lesungen betraf: Ich traute mich einfach nicht, zu fragen, ob eine Lesung vor Ort möglich sei (von den Konditionen mal ganz abgesehen). Doch überall, wo ich fragte, wurde mir freundlich begegnet und bei den meisten klappte es sogar. So hatte ich viele nette Erfahrungen während meiner Anfangszeit und lernte ständig dazu. Wie die Betreiber der Locations reagierten, wie das Publikum reagierte, wie es mir damit ging und nicht zuletzt … auch mit einem „Nein!" zu leben.

Das eigene Buch persönlich bewerben?
Was Sie Ihrem direkten Umfeld zumuten, sei Ihnen überlassen (allerdings bietet es sich meist an, nicht im Brotjob zu präsent damit zu werden. Ein gefundenes Fressen für böswillige

Kollegen oder Vorgesetzte; keine gute Voraussetzung, es sei denn, man hat ein extrem dickes Fell …). Jedoch werden Ihnen - gerade in der Anfangszeit – viele Ihnen wohl gesonnene Menschen helfen mögen. Und so kann die Hilfe konkret eingesetzt werden: Flyer geben, E-Mail schicken, ggf. Belegexemplar geben/ ausleihen – toll ist immer, wenn etwas „zurückkommt": hilfreiches Feedback (vielleicht darf man das auch auf der Website oder im Newsletter dann zitieren?), Empfehlungen, Rezensionen im Internet, Buchbestellung, ein Tipp, wo man eine Lesung abhalten kann … Es gibt tausend Möglichkeiten, Sie in Ihrer Marketingarbeit zu unterstützen. Verteilen Sie den Aufgaben klug in Hinblick auf die Interessen und Stärken des Einzelnen. Vielleicht hat auch jemand eine kreative Idee, auf die Sie noch gar nicht gekommen sind (z. B. haben wir zu unserer Produkteinführung Schnuller mit der Internetadresse zur PAPA APP an die Redaktionen verschickt). Nur passen muss die Idee zu Ihnen und zum Gesamtkonzept, sonst arbeitet sie im schlimmsten Fall gegen Sie.

Meine Erfahrung zeigt, dass (auch unbezahlte) Lesungen an angenehmen Orten in der näheren Umgebung durchaus eine gute Übung sind, Spaß machen, wenn sich die Gastgeber um alles, Technik, Bestuhlung, Einladungen, Eintritt ggf. (an dem man dann aber partizipieren sollte), Ambiente und Getränke kümmert. Für einen guten Zweck ohnehin ok, ansonsten sollte man schauen, dass man aber auch ggf. Bücher verkaufen, Flyer auslegen bzw. E-Mails sammeln darf, um auch geschäftlich das Beste aus dem Abend herauszuholen. (Bitte vorher unbedingt freundlich klären, wer was macht) und respektvoll miteinander umgehen.

MERKE

Informieren, Begeisterung ausstrahlen, nie betteln! Apropos Lesungen: Oft findet sich eine Kooperation mit Kulturhäusern, Buchhandlungen und Gastronomen. Gestandene Autoren nehmen zwischen 300 und 1000 EUR für eine Lesung. Das ist in der Realität anfangs oft schwierig zu bewerkstelligen, wenn auch durchaus angemessen für eine professionelle Lesung.

Heute lese ich zwar selten noch unbezahlt, einfach weil es die Zeit nicht mehr zulässt, aber für mich war es eine wichtige Schule – auch nach und nach meinen eigenen Wert zu kennen und meine Forderungen Stück für Stück durchzusetzen.

Auf dem Weg zum Vollzeitautor gibt es einige Dinge, die helfen
Ein entsprechend ausgewähltes Genre: Mit (faszinierenden) Liebesromanen, Thrillern und historischen Romanen hat man es u. U. leichter. Allerdings ist auch die Konkurrenz um ein Vielfaches höher als bei Nischenbüchern.

Ein gutes Cover, ein ordentliches Korrektorat, und Präsenz zeigen (ohne Werbung / gezielte Information und relevante Aktivitäten wird es eng)! Zumindest scheint das Marcus Hünnebecks Erfolgsrezept zu sein. Der 43-Jährige zählt zu den Spitzenverdienern unter den Self Publishern in Deutschland: Drei Prozent, die mehr als 5000 Euro im Monat verdienen. (Ist das kein Anreiz? Denn noch können die wenigsten Selbstvermarkter vom Buchverkauf leben: Nach eigenen Angaben verdienen die meisten nicht einmal 50 Euro im Monat. Der mittlere Verdienst liegt allerdings schon bei knapp 500 Euro.) Über die Plattform Lovely Books stemmt er Leserunden: Es werden E-Books verlost, die Leser tauschen sich dann in der Folgezeit darüber aus. Ein zeitintensives Vorgehen – mit dem Ziel eines ernsthaften und weiterbringenden Miteinanders. Ob es sich auf Dauer auch verkaufstechnisch lohnt, bleibt abzuwarten.

EXKURS

Erfolgreiche Selfpublisher im E-Book-Bereich?
Es kann gelingen: Über 250 selbst publizierte Titel haben es im letzten Jahr in die Amazon-Top-100 geschafft. Auffallend ist, dass nur ein Autor über die deutsche Amazon Publishing die Top 10 erklomm, die anderen kamen meist aus den USA.

SOFORTMAßNAHMEN

☑ Nach außen gehen.

☑ PR nutzen.

☑ E-Mail Adressen von Interessierten und Redakteuren sammeln.

☑ Gute E-Mail texten und verschicken.

☑ Flyer/ Visitenkarten/ Lesezeichen platzieren, wo es passt.

☑ Positives Feedback sammeln.

☑ Im Internet vernetzen.

WOCHE 3

Medien anschreiben, Rezi-Exemplare bereitliegen haben /
Organisieren, am besten Direktlink vorbereiten.

NEWSLETTER

MERKE

Auf gar keinen Fall irgendwo von (dubiosen) Anbietern E-Mail Adressen kaufen! Fragen Sie lieber im Bekanntenkreis oder in den interessanten Foren nach, ob die Leute einverstanden sind, wenn Sie Ihre E-Mail Adresse für Büchernews auf Ihre Liste setzen. Gehen Sie immer pfleglich mit den Daten anderer um, und geben Sie sie niemals an Dritte weiter. Eine Option ist auch über Gewinnspiele oder auf Ihrer Website E-Mail Adressen zu sammeln; immer vorausgesetzt, der User hat dem Punkt zugestimmt, dass seine Adresse für Ihren Newsletterversand genutzt werden darf.

Wie Sie als Autor Ihr Buch per E-Mail bekannt machen können

Vorab noch einmal: E-Mail Marketing hat nicht allzu viel mit privatem E-Mail Verkehr zu tun. Es gelten andere Regeln:

1. Es muss immer auf den ersten Blick deutlich sein, von wem und warum die Mail verschickt wurde.
2. Absolute Höflichkeit, korrekte Anrede und themenrelevante Informationen sind ein unbedingtes MUST HAVE
3. Es muss für den Empfänger IMMER und unkompliziert die Möglichkeit gegeben sein, sich von Ihrem Newsletter einfach abzumelden.

Es gibt wie gesagt auch einige gesetzliche Einschränkungen, um der Spam-Flut Herr zu werden: Sie dürfen nicht einfach irgendjemanden mit einer Mail „erfreuen". Nur wenn bereits eine geschäftliche Beziehung besteht, darf man einen themenrelevanten Newsletter schicken. Nur mit dem ausdrücklichen Einverständnis darf man andernfalls eine Mail an den Empfänger schicken. Das braucht man schriftlich, sonst kann es theoretisch unangenehm werden. Zwar macht sich in der Praxis kaum jemand die Mühe, einen einmalig versandten, als nicht willkommen empfundenen Newsletter abzumahnen, aber … man sollte wirklich sensibel mit dem Thema umgehen. Denn verärgerte Empfänger können genau das Gegenteil von dem bewirken, was man erreichen wollte.

Das Vorgehen

Haben Sie immer ein paar Buch-Exemplare bereitliegen. Wer wirklich was lesen will, kriegt ein Exemplar. Aber nicht blind verschicken, das geht schnell ins Geld. Auch das Versenden der Online-Variante ist eine gute Variante ... Wobei: Ein gedrucktes Buch geht noch immer seltener in den Redaktionen oder bei den Rezensenten unter als ein digitales. Gehen Sie systematisch vor, denken Sie zielgruppenspezifisch. Legen Sie sich einen Ordner, oder noch besser ein hilfreiches Programm an (z. B. Rapid Mailer), wo Sie die E-Mail Adressen nicht nur nach interessiert / nicht interessiert sortiert ablegen, sondern auch nach Alter, Geschlecht und Vorlieben sortieren können. Langfristig sollen nur Menschen angesprochen werden, die sich für Ihr Werk interessieren könnten. Auch wenn auf den ersten Blick nur wenige übrig bleiben, sind diese umso wertvoller – und mit der Zeit kann Ihr Datenbestand überraschend anwachsen. Etwa indem Sie, wie oben erwähnt, auf Lesungen und bei anderen passenden Events Listen auslegen, in denen sich die Interessierten mit Ihrer E-Mail Adresse eintragen können. Die beste Chance auf weitere Adressen für Ihren Verteiler haben Sie, wenn Sie viele Besucher auf Ihre Seite locken. Und sich diese dort in ein Kontaktformular eintragen, um so Abonnent Ihres Newsletters zu werden.

Senden Sie nicht zu oft Mails, das ist schnell ermüdend. Lieber regelmäßig z. B. einmal im Monat oder wenn es wirklich etwas Neues zu berichten gibt. Wenn dies zu schleppend läuft, können Sie sich auch Anreize überlegen, etwa eine kleine selbst verfasste Broschüre zum Thema, eine Leseprobe

EXKURS

Crowdfunding
Es gibt auch die Möglichkeit, für (Kunst-)Projekte Geld über das sogenannte Crowdfunding einzuholen. Kurz gesagt: Man beschreibt sein Vorhaben, möglichst überzeugend und unterhaltsam, gibt eine Summe x an, die möglichst erreicht werden soll (zu einem bestimmten Ziel) und dann werden über einen festgelegten Zeitraum Spenden gesammelt. Jeder, der dort bei der entsprechenden Plattform, z. B. Startnext.de angemeldet ist, kann dort spenden ... Etwa 50 % der gestarteten Crowdfunding-Projekte sind erfolgreich. Wie dies im Einzelnen funktioniert, lesen Sie am besten direkt auf den einzelnen Seiten nach.

oder ähnliches. Wichtig ist bei aller Kreativität ein seriöses Auftreten.

Formulieren Sie also einen Text, in dem Sie versichern, die E-Mailadresse nicht an Dritte weiterzugeben, sondern sie lediglich für die angegebenen Zwecke zu verwenden.

Wie soll der Inhalt aussehen?
Echte News sind immer am spannendsten. Sie treten bei einem großen Event auf? Sie haben einen Preis gewonnen? Der Folgeroman ist soeben erschienen? Sie haben interessante Hintergrundinformationen?
Wirkliche Nachrichten sind die Basis für eine langfristige Newsletter-Beziehung. Denn wird der User stetig nur mit platter Werbung bombardiert, wird er bald aussteigen. Mindestens im Wechsel, besser 3/4 zu 1/4 sollten Inhalte/ echte News zu Kaufhinweisen erfolgen. Das hängt aber auch von der Art Ihres Buches und der Leserschaft ab.

Was ist beim Schreiben zu beachten?
Wie bereits erörtert, hat der Nachrichtenwert eines Newsletters und die eindeutige Identifizierung des Absenders einen besonderen Stellenwert.

Allein wertvolle Inhalte halten den Empfänger davon ab, das Ding direkt zu löschen. Eben darum ist auch eine ordentliche Betreffzeile so wichtig. Es gibt sogar ganze Studien, wie viele Wörter diese maximal haben sollte: 4-6. Wichtige Worte sollten vorn am Satzanfang stehen („Pole Position Wording") - einerseits weil ein Textanfang prinzipiell mehr

Aufmerksamkeit erhält, andererseits weil Textanfänge auch bei wenig Platz (mobilen Endgeräte) nicht abgeschnitten werden. Gut und kurz formulierte Betreffzeilen haben eine bessere Öffnungsrate. Allerdings gibt es auch hier unterschiedliche Expertenmeinungen.

Synergien nutzen: Es sollte dem Leser schnell und einfach möglich sein, den Newsletter weiterzuleiten. Die Art der persönlichen Ansprache (Hallo Hugo, Sehr geehrte Frau Müller, etc.) sollte der Zielgruppe angepasst werden. Notfalls müssen verschiedene Textvarianten aufgesetzt werden. Buchhandlungen und Verlage sind evtl. anders anzusprechen als Privatpersonen. Vermeiden Sie in der Betreffzeile Spam-Wörter („Werbung" u. a.).

Wer einen Newsletter textet, sollte sich vorab überlegen:
- Wen im welchem Umfeld spreche ich an?
- Richtiger Titel, korrekter Name?
- Welche News / welches Ereignis soll mit diesem Newsletter kommuniziert werden?
- Was ist der einzigartige (Verkaufs)Vorteil für den Leser?
- Wann und wo wird die beworbene Aktion stattfinden? (Datum, Uhrzeit, Zeitspanne)
- Was soll mit der beworbenen Aktion erreicht werden? (z. B. Besuch der Homepage Buchkauf, Buchung für Lesung, Bekanntheit steigern, Social Media Sharing, Sammeln von weiteren E-Mail Adressen)
- Zielgruppe: Wer soll mit dem Newsletter angesprochen werden? (Privatpersonen/Unternehmenskunden, Alter, Geschlecht, Bildungsstand, berufliche Position:

MERKE

Preheader sind insbesondere bei mobilen Endgeräten nicht zu unterschätzen, auch wenn Sie (noch) ein Schattendasein fristen. Das bedeutet, im Preheader ergänzende Informationen zu bieten statt einfach die Betreffzeile zu wiederholen. Preheader sind Texte, die der eigentlichen Mail vorausgehen, z. B. der Hinweis „Wenn Sie diesen Newsletter nicht korrekt sehen, klicken Sie bitte hier." Dabei kann man Preheader anderweitig sehr effektiv verwenden, etwa indem man ihn für eine konkrete Aufforderung o. ä. nutzt.

z. B. Selbstständige oder Angestellte, spezielle Gruppen/ Interessen)
- Grundstimmung: Welche textuelle Grundstimmung soll der Newsletter vermitteln? (seriös, unterhaltsam, romantisch etc.)
- Besonderheiten: Gibt es zeitlich begrenzte Sonderaktionen wie Rabatte oder Zugaben, falls die Zielperson über diesen Newsletterlink z. B. ein Buch bestellt?
- Ankündigungen: Gibt es im aktuellen Newsletter Informationen, die auf den nächsten Newsletter verweisen sollen? (Appetizer, Cliffhanger)
- Perspektiven: Welcher Aspekt (nur einer!) soll im Vordergrund stehen? (Spaß, Nachhaltigkeit, Funktionalität, Gesundheit, Genuss, Erfolg, z. B. durch Weiterbildung, Software etc.)
- Vision: Wie lautet – in einem kurzen Satz – die Kernaussage, die der Newsletter transportieren soll?

Wechseln Sie unbedingt die Perspektive: Nicht Sie und Ihr Werk stehen im Mittelpunkt, sondern --- der Empfänger. Denken Sie beim Schreiben nicht an sich, sondern an den Leser! Was hat dieser von Ihrem Newsletter?

Um den Erfolg Ihrer unterschiedlich gestalteten oder getexteten Newsletter zu überprüfen, können Sie auch recht leicht ein Programm installieren, mit dem Sie sehen, welche der beiden Gruppen, häufiger die jeweilige Version des Newsletters öffnet.

RECHTLICHES

Alle E-Mail-Marketingaktionen müssen rechtliche Einschränkungen hinnehmen. In Deutschland wird dies von verschiedenen Gesetzen geregelt: Der Versand und die Pflichtangaben in geschäftlichen E-Mail zum Beispiel. Das Gesetz über elektronische Handelsregister und Genossenschaftsregister sowie das Unternehmensregister (EHUG) bestimmt die notwendigen Impressumsangaben in einer geschäftlichen E-Mail. Wichtige Rechtsgrundlage ist auch das Gesetz gegen den unlauteren Wettbewerb (UWG). Dieses regelt in § 7 UWG, was bei „Werbung unter Verwendung von [...] elektronischer Post" als unzumutbare Belästigung gilt. Der Versand von Werbe-E-Mailings an Kunden ist nur zulässig, wenn bereits eine Kundenbeziehung oder ein Dienstleistungsverhältnis zwischen dem Empfänger und dem Absender besteht. Zudem darf gegen E-Mailing kein Widerspruch des Empfängers beim Unternehmen, als das Sie im Falle von Buchwerbung per Mail agieren, eingegangen sein. Liegt keine Einwilligung des Empfängers vor, redet man von Spam. Zudem muss der Inhalt der Mail auf bereits getätigte Bestellungen des Kunden Bezug nehmen. Und nicht vergessen: Werbemails müssen als Werbung klar erkennbar sein. Die Grauzone ist groß; unzulässiges Handeln kann im Zweifelsfall teuer werden.

Übrigens: In urheberrechtlichen Fragen beim Bücherschreiben ist manchmal juristischer Rat unverzichtbar. Dafür gibt es mittlerweile sogar Experten und Versicherungen.

SEO

Das Suchmaschinenmarketing umfasst im Wesentlichen zwei Aspekte: das Index-Listing und das Keyword-Advertising Alle Welt redet von SEO. Was bedeutet das eigentlich? Und ist es für mich relevant? Ja und nein ... Zum Verständnis: Als Index-Listing wird die Darstellung in der Trefferliste der Suchmaschine bezeichnet. Die Suchmaschinenoptimierung (SEO) hat zum Ziel, erfolgreiche Strategien anzuwenden, die zu einer möglichst hohen Platzierung (Ranking) der Webseite in den Trefferlisten der Suchmaschinen führen. Jede Sucheingabe in einer Suchmaschine fußt auf von den Suchmaschinen definierten Rankingfaktoren, die in unterschiedlicher Gewichtung innerhalb der Suchmaschinenalgorithmen relevant sind. Sie entscheiden letztendlich über die Positionierung in den Suchmaschinen. Vorab: Das Leben ist kein Ponyhof und ... es gibt keine Garantie! Auf den vorderen Plätze der Trefferlisten aufzutauchen ist schwierig, gerade bei beliebten „Allerweltsbegriffen" wie „Liebesroman" oder „Reisebericht"; die Konkurrenz ist einfach zu groß. Je enger die Nische, desto eher kann es gelingen, dort auf der ersten Ergebnisseite aufzutauchen, denn – seien wir ehrlich – alles andere ist quasi nichts mehr wert. Oder wie viele Seiten sehen Sie durch, wenn Sie einen Suchbegriff eingegeben haben?! Na also ...

Hier kommt das Keyword-Advertising ins Spiel. Wem der Begriff, unter dem er gefunden werden will, so wichtig (und entsprechend viel wert) ist, kann seine Internetseite zielgerichtet durch bezahlte Einträge neben oder oberhalb der Trefferlisten einer Suchanfrage bewerben. Suchmaschinen wie Google zeigen diese Ergebnisse in einem Werbeblock optisch hervorgehoben an. Vorsicht, dabei kann man viel Geld in den Sand setzen, also bitte wirklich belesen oder „echte" Profis ran lassen, doch auch hier genau hinschauen, denn es ist ein komplexes Thema und es gibt viele schwarze Schafe in diesem Bereich.

Suchdienste und Webverzeichnisse
Bei den „großen" Suchmaschinen wie Google, Yahoo! und Bing sind Milliarden Internetseiten indexiert. Softwaregestützte Suchroboter (Webcrawler oder Spider genannt) wandern permanent durch das Web und stöbern nach neuen Webseiten. Die Analyse wird dann an die jeweilige Suchmaschine weitergeleitet und in einem Webindex zusammengefasst. Anhand dieses Webindexes kann eine Suchmaschine für jede variable Anfrage in Sekundenbruchteilen ein Resultat aus Listen von Links zu relevanten Webseiten oder Dokumenten zusammenstellen.

Suchmaschinen nutzen technische Rankingverfahren: komplexe mathematische Algorithmen; für Außenstehende nicht einsehbar. Außerdem wird all dies ständig modifiziert. Was bleibt: Eine hohe Relevanz begünstigt eine gute Platzierung. Ein Kriterium für die Relevanz einer ganzen „Website" z. B. Verlinkungen zu der zu bewertenden Website sind dabei wichtig.

Suchmaschinenoptimierung und Index-Listing
Wie gehe ich nun vor? Der erste Schritt zur Positionierung, ist die Anmeldung der eigenen Homepage bei der

Suchmaschine, was jedoch weder die Aufnahme noch eine gute Platzierung garantiert. Man kann aber indirekt Einfluss auf die Platzierung in der Trefferliste nehmen. Zauberwort „SEO" für „Search Engine Optimization".

Suchmaschinenoptimierung und Keyword-Advertising
Platzierung einer Website in den Ergebnislisten der Suchmaschinen ist ein langwieriger Prozess, für dessen Erfolg es keine Garantien gibt. Für kurzfristige Kampagnen und/oder Werbeerfolge kann daher das Keyword-Advertising in Betracht gezogen werden, wobei die „erkaufte" Platzierung in den Ergebnislisten das Auktionsmodell und das Festpreismodell kennt.

Google AdWords
Hat schon fast jeder mal gehört … Es ist das bekannteste Keyword-Advertising-Werkzeug des Suchmaschinenbetreibers Google. Diese AdWords-Textanzeigen werden in den Google-Suchseiten durch den Zusatz „Anzeigen" markiert.

SOCIAL MEDIA

Auch Social Media spielt bei SEO eine Rolle:

Kanäle einrichten / weitere Profile anlegen
- Kommunikationskanäle: WEM will ich WAS sagen? Bei belletristischen Titeln sind Foren und soziale Netzwerke von Vorteil. Richten Sie Ihr Augenmerk auf Privatpersonen …
- Bei Fach- und Sachbüchern sind Berufsnetzwerke wie

Xing, Google+ und LinkedIn gute Anlaufstellen. Unzählige Untergruppen können hilfreich sein, sich zu positionieren und auch, um Feedback zu erhalten.
- Wer dran bleiben will, muss selektiv vorgehen, alles geht nicht: Wo bin ich bereits aktiv? Es erleichtert selbstverständlich ungemein, wenn Sie sich schon auskennen.

Bei allen Aktionen muss klar sein: Relevanz ist Trumpf! Jede Gruppe, jedes Thema, jedes Profil, muss sichtbar mit dem Thema verbunden sein. In zwei Sätzen schreiben, worum es geht, wenn möglich mit aussagekräftigem Bild.

Der eigene Auftritt ist wichtig - wie bei einer Website gilt auch bei den diversen Foren-Profilen: lieber gar nichts, als schlecht umgesetzt (Antiwerbung geht schneller als gedacht)
Das eigene Profil planen und anlegen – ein gutes Foto als Einstieg. Portrait als Autor, Bilder von Lesungen, Buchcover, Pressebilder (Achtung, Nutzungsrechte durch Zeitung und Fotografen vorher abklären).

Regelmäßige Posts und Neuigkeiten, originelle Bonmots oder News aus der Fachwelt - je nach Buch ist solches eine Meldung wert.

Facebook und XING
Je nach Genre und persönlichem Auftreten ist ein Profil und die Forennutzung einer der beiden Plattformen meiner Ansicht nach sinnvoll, wenn man sich damit anfreunden kann, regelmäßig Neuigkeiten hat und die Kontakte nicht versauern

MERKE

Übung „Elevator Pitch". *Stellen Sie sich vor, Sie treffen jemand hoch Interessantes im Fahrstuhl. Nun müssen Sie ihm in 60-90 Sek. erklären, was Sie machen und was das Besondere daran ist. Super auch, die Business-Speed-Datings: in wenigen Min. Unternehmen, Produkt und Intention vorstellen - anstrengend, aber super effektiv, vor allem für einen selbst.*

lässt, sondern klug nutzt. Geben und nehmen. Nie vergessen: Hinter jedem Profil steht ein MENSCH / potentieller Leser! Facebook zählt zu den größten und erfolgreichsten sozialen Netzwerken weltweit. Dort kann sich quasi jeder mit jedem verlinken, Bilder, Nachrichten und Videos austauschen. Dinge als „Gefällt mir" markieren oder sogar an der eigenen Pinnwand teilen …

> **MERKE**
> *Faustregel*
> *Facebook: Eher für Privates.*
> *XING: Eher Business.*
> *Die Grenzen sind aber fließend und vor allem Facebook hat immer mehr Businessgruppen.*

Xing ist so ähnlich, nur seriöser, kleiner und für den Businessbereich zuständig. Wichtig sind bei beiden Portalen gute und dem Umfeld wie der Intention entsprechende Profile mit Foto und wichtigen Informationen. Alles weitere probiert man am besten selbst aus, doch Vorsicht: Dinge, die einmal im Netz stehen, sind schwer bis gar nicht wieder zu löschen. Also Achtung, bei privaten Infos und Fotos …

In Gruppen engagieren
Selbstgespräche sind sinnlos. Zumindest im Netz. Wer andere erreichen will, muss im Dialog stehen. Also, rein in die Gruppen. Schauen Sie sich um. Wählen Sie aus, werden Sie aktiv. Probieren Sie aus. Eine aktive Kommunikation mit anderen ist der Kern der Sache. (Mein Tipp: Vermeiden Sie den Mitsprachler-Effekt: Wenn Studenten in ein anderes Land gehen, um eine fremde Sprache zu lernen, neigen sie dazu, mit den anderen gleichsprachigen Studenten abzuhängen, und verschenken damit viel Potential, die Sprache zu lernen, da sie den ganzen Tag mit Ihren Kommilitonen nur Deutsch sprechen.) Unterhalten Sie sich nicht zu viel mit anderen Autoren, sondern versuchen Sie (potentielle) Leser zu erreichen.

Zumindest wenn das Ihr Ziel an diesem Tag ist. Machen Sie sich immer einen Plan für Ihre Internetsitzung, bevor Sie sie starten. Denn das Surfen im Netz ist der Zeitfresser Nummer eins, trotz aller Potentiale. Legen Sie ein Zeitlimit fest; und schreiben Sie in Stichworten auf, was Sie in dieser Session erreichen wollen. Wenn Sie Zuspruch oder einen konkreten Tipp von anderen Autoren benötigen, ist das ok, aber es sollte nicht ausufern. Vor allem sollte man sich nicht ablenken lassen. Wenn Sie Leser oder PR-Verteiler erreichen wollen, wenn Sie Ihre Website checken, wenn Sie Verkaufswerbung schalten wollen, dann tun Sie das. Aber schnell und effektiv. Struktur ist auch hier oberste Regel; schließlich nutzen Sie das Web ja in diesen Fällen weniger zur Unterhaltung als zur Arbeit!

Online und Offline: Holen Sie sich wertvolle Profitipps aus der Verlagswelt, bei gestandenen Autoren, bei engagierten Lesern – wo immer es möglich ist … Sammeln Sie sie und sortieren die Tipps dann aus. Überlegen Sie genau, was sinnvoll und passend sein könnte. Nicht verbeißen; wenn etwas nicht funktioniert, stellen Sie es zurück, sei es auch noch so verheißungsvoll.

Unterm Strich zählen die Zahlen nach einer Weile. Für alles andere bleibt später noch Zeit. Es sei denn, Sie haben einen Millionär im Hintergrund, der Ihnen den Rücken freihält. Sie selbst setzen sich das Limit, ob sechs Wochen oder sechs Monate – Sie allein entscheiden. Aber verzetteln gilt nicht. Schneller als gedacht sind Zeit- und Geldreserven erschöpft. (Am besten man hat immer mehrere Bücher in Petto. Wenn eines nicht läuft, versucht man es mit dem anderen. Achtung, nicht den eigenen Namen verbrennen.)

Viel schreiben – viel Erfolg?
Posten/ an Diskussionen beteiligen: Qualität statt Quantität, schreiben Sie lieber wohlüberlegt, statt überall mitzumischen. So erschaffen Sie sich auf Dauer einen gewissen „Ruf" im Forum und können dann gezielt, wenn es passt, auf Ihre Kompetenz, Ihr Buch aufmerksam machen. Dann werden Ihnen bereits einige Sympathien entgegenschlagen.

Eigene Fanpage
Alternativ oder zusätzlich zum privaten Nutzerprofil auf Facebook können Sie eine eigene Fanpage erstellen. Dort können Menschen „Fans" Ihrer Bücher und Werke werden, was bei einem normalen Profil nicht geht – da können Sie lediglich „Freundschaften knüpfen".

Twitter?
Twitter ist ein sogenannter „Microblogging-Dienst", d. h. die Nutzer können kurze, 140 Zeichen umfassende Nachrichten veröffentlichen – die sogenannten Tweets. Ziel ist es also, eigene Nachrichten zu verbreiten und zugleich Nachrichten anderer aufzunehmen und diesen zu folgen. Dabei sollten die eigenen „Tweets" stets Inhalte mit hohem Nachrichtenwert darstellen.

Fakten: Knapp 10 Mrd. Umsatz macht der deutsche Buchhandel jährlich, 3.000-6.000 Manuskripte werden pro Jahr unverlangt an ca. 1.200 dt. Buchverlage gesendet.

SOFORTMAßNAHMEN

- ☑ Weitere Social Media Profile anlegen und nutzen.

- ☑ Die Website ausbauen.

- ☑ Suchmaschinenmarketing verstehen und ggf. Website nach SEO optimieren (Keyworddichte, Bilder klug benennen, etc.).

- ☑ Gute E-Mail texten und an Interessierte und Redakteure verschicken.

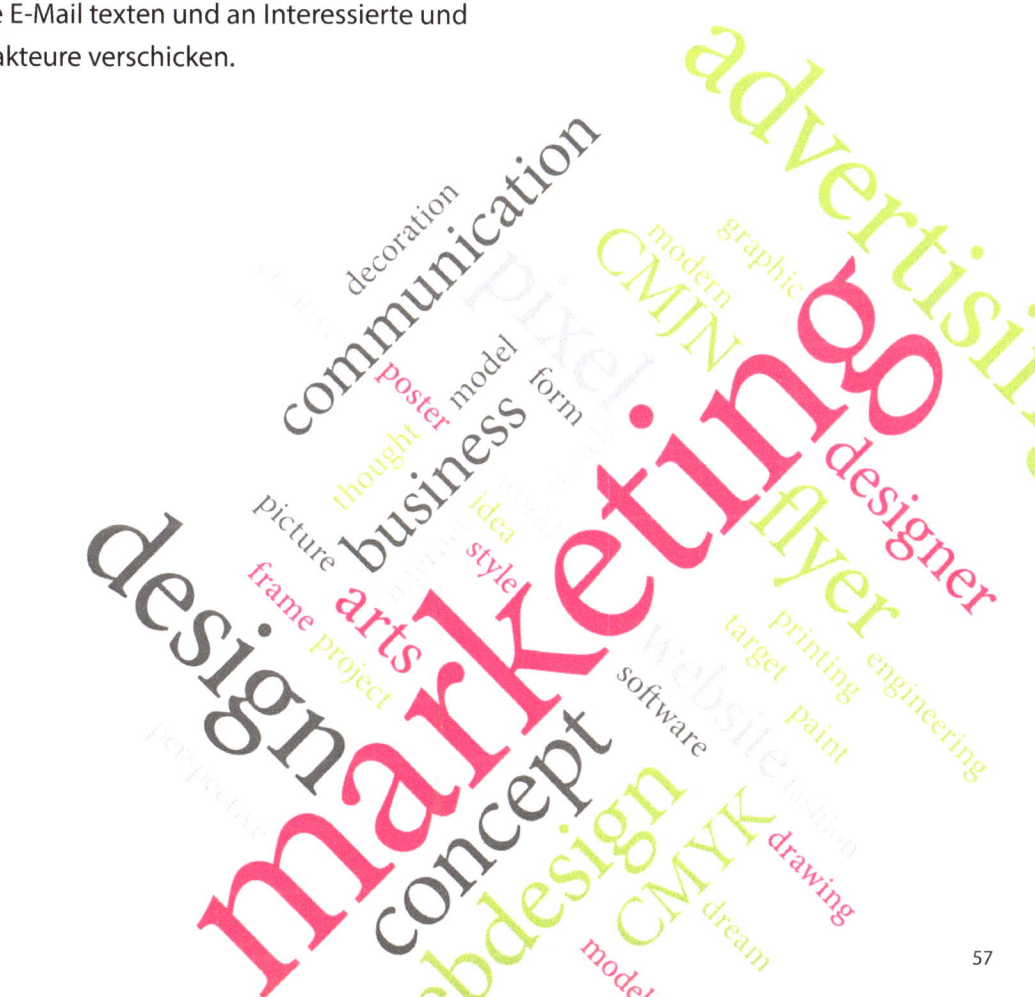

WOCHE 4

Zur Marke werden, Gewinnspiel, Flyer verteilen, Lesungen organisieren, Social Media Kanäle nutzen, (Sonder-)Aktionen andenken, den Leser involvieren.

Vielleicht kommt es Ihnen etwas spät vor, aber: Markenmanagement ist eine wirklich langwierige Geschichte, deshalb kam es mir auf „ein/ zwei Wochen mehr oder weniger" hier nicht an. Ich finde einige Dinge wichtiger als andere, andere sind da anderer Meinung … Wie auch immer, das Thema Marke will ich Ihnen nicht vorenthalten.

ZUR MARKE WERDEN – JA ODER NEIN?

In Zeiten des Brandings und der Selbstvermarktung liegt es eigentlich nah, sich selbst auch zu einer Marke zu machen. Aber geht das so leicht? Und – viel wichtiger vielleicht - ist das wirklich sinnvoll? Meine These, nein – zur Marke wird man irgendwann automatisch oder eben nicht (Ausnahmen bestätigen wie immer die Regel). Und das ist auch ok.

Die Autoren, die zu Marken geworden sind, waren entweder schon vorher in irgendeiner Form bekannt (Prominenten-/ Expertenstatus) oder sie sind durch ihre Arbeit, sprich ihre Bücher, zu einer solchen geworden; und das geschieht (dauerhaft) nicht von heute auf morgen.

Marke ja oder nein?
- Ja, im Sinne eines unverwechselbaren Stiles, Themas oder Auftretens.
- Nein, im Sinne von angestrengter Originalität und Selbstzurschaustellens.

Schaut man sich aus Marketingsicht die Vielzahl an Marken an (allein, scheint es wenig Sinn zu machen, sich als 100.000. Marke dazwischendrängeln zu wollen); man wird schlicht untergehen. Nun kann man argumentieren, dass es im Kunst- / Buchmarkt etwas anders aussieht. Jein, denn hier gilt noch stärker als anderswo: In der Summe wird der Autor nach seinem Schreiben beurteilt; alles andere ist peripher bzw. als Strohfeuer zu betrachten. Der bewährte Spruch „WER SCHREIBT; DER BLEIBT" sagt meines Erachtens alles aus. Entweder man erobert die Herzen bzw. den Kopf seiner Leser – oder das beste Marketing nützt auf Dauer nichts. Insofern herrscht, was das Grundprinzip angeht, eine gewissen Gleichheit zwischen Bestsellermegaautoren und Normalsterblichen, die als gestandene Autoren (ein Teil) ihr(es) Geld(es) verdienen: Die Zeit macht alle gleich.

Natürlich ist es ein Unterschied, ob alle gespannt auf das neue Rowling-Werk warten und blind ordern, oder ob man mühsam scheinbar jeden Leser und Journalisten einzeln auf sich aufmerksam machen muss. Aber, wenn dann z. B. das Erstlingswerk für Erwachsene nicht den immensen Erwartungen entspricht, fällt man als kleiner Autor auch nicht so tief. (Die Frage bleibt, ob ein Buch überhaupt noch solch hochgeschraubten Erwartungen entsprechen kann …) Die Möglichkeit des Selbstpublizierens ist eine unvergleichliche Chance, aber kein Garant – weder für Erfolg noch für Misserfolg.

Wer dennoch mit dem Gedanken spielt, dem seien hier ein paar Tipps präsentiert:
Sich als Marke zu positionieren, ist schwierig und kann sehr viel Zeit in Anspruch nehmen, ohne Garantie auf Erfolg versteht sich.

Eine eigene Corporate Identity herauszubilden erfordert Planung, Geschick, Durchhaltevermögen. Manchmal auch gewisse schauspielerische Fähigkeiten und eine gewisse Flexibilität / Wandelbarkeit, um wichtige Reaktionen nicht gänzlich außer Acht zu lassen.

Was ist denn nun eigentlich eine Marke? Eine Idee, ein Gefühl, ein Bild, das einen unverwechselbar macht. Etwas, das so einzigartig und einprägsam ist, dass der Leser sich(immer wieder) daran erinnert. Die Corporate Identity, hier vielleicht besser Personal Identity, baut sich aus dem Auftreten in der digitalen wie realen Welt auf (Wobei nicht beides deckungsgleich sein muss, oft ist genau das Gegenteilder Fall: Die Bloggerin mit den provokanten Sprüchen ist bei der Lesereise schüchtern und eher unscheinbar, und der scheinbar trockene Wissenschaftler ein herrlicher Entertainer - so face-to-face.)

Eigeninitiative ist der Motor, der helfen soll, bekannter zu werden. Zwischen 2000 weißen Schafen sticht das einzige schwarze unweigerlich heraus. Ergo: Wer im Gedächtnis bleiben will, und er muss täglich mit Hunderten Reizen und Dutzender anderer konkurrieren, muss hervorstechen. Er muss in irgendeiner Weise auffallen. Das ist der erste Schritt:

Aufmerksamkeit erzeugen. Denn bevor man seine Botschaft überhaupt loswerden kann, muss einem jemand zuhören. Das funktioniert über Quantität oder Qualität. (Wir denken an die Speakers Corner in London …)

Dann heißt es, nicht sich und sein tolles Werk vorzustellen, sondern dem Leser/ Zuhörer / Interessierten erklären, was ER davon hat … Nicht wie toll man selbst ist, sondern, wie der Gegenüber profitiert. Natürlich ohne unglaubwürdig zu werden. Beispiel: Es lohnt sich, das Buch zu lesen, - nicht weil es mir so viel Spaß machte, es zu schreiben und außerdem meine Oma drin vorkommt – sondern weil es ein unglaublich spannendes Stück deutscher Geschichte ist … das dem Leser eine neue Sicht auf die Dinge ermöglichen wird.

Immer aus der Perspektive des Lesers argumentieren und agieren.

Der Absender muss sichtbar sein; sonst macht es kaum Sinn.
Der Absender ist wichtig! Wer einen Ratgeber schreibt, tut gut daran, ein Thema zu wählen, in dem er Kompetenz vorzuweisen hat. Entweder weil er fachlich qualifiziert ist und etwas dazu beitragen kann, oder weil er entsprechende Erfahrung damit gemacht hat. Je überzeugender der Absender, desto glaubwürdiger das Buch. Das gilt ebenso für bestimmte Posts und Beiträge im Internet. Wer nicht im Gedächtnis bleibt, hat aus ökonomischer Sicht, seine Zeit verschwendet. Das ist natürlich überspitzt gesagt, aber im Kern wahr.

An wie viele Werbespots erinnern Sie sich? Und von welchem wissen Sie noch den Absender? Sprich, nicht „für irgendein Eis", sondern für welches Eis von welchem Hersteller? Wenn das nicht klar ist, ist der ganze Spot – aus Sicht des Herstellers – für die Katz. Er kann dann sogar schaden, wenn er indirekt die Position der Konkurrenz stärkt.

> *By the way*
> *Wissen Sie, wie manche Kochbücher in den Verlagen entstehen? Es werden ansprechende Fotos zu einem Überthema, z. B. Kürbisgerichte gesucht, dann die Texte nach dem Bausteinprinzip zusammengesetzt. Schließlich wird von einer erfahrenen Verlagsmitarbeiterin noch einmal drübergelesen und abgerundet. Dann geht alles in ein Billiglohnland, wo aus dem Material xml- Dateien gemacht werden. Aus diesen werden dann fließbandgleich Website und oft auch gleich die passende App generiert. Voilà, das Ding geht in den Druck – ohne, dass je einer auch nur ein Rezept davon probegekocht hätte. … Und sie tun nicht schlecht daran; immerhin sind fast ein Fünftel aller in Deutschland verkauften Sachbücher Kochbücher (gefolgt von Hobby, Freizeit, Natur).*
>
> *Ergo: Content ist im Internetzeitalter stets und überall verfügbar, kaum noch etwas ist „unique". Es wird gesammelt, geändert und neu zusammengefügt. So kann pro Woche z. B. ein neues Kochbuch entstehen. … und: der Leser bemerkt es nicht, so lange er zufrieden ist …*

Die Frage ist, will man das auch für sich nutzen oder ist es doch erfolgversprechender – und befriedigender – etwas gänzlich Neues zu schaffen? Diese Frage muss jeder für sich selbst beantworten. Doch spätestens am Monatsende, wenn man auf das überzogene Konto schaut, kann sich die Perspektive und damit auch die hehre Absicht ändern.

Aber zurück zum Thema Marke: Wenn ich mich selbst zur Marke stilisieren möchte, muss mir auch klar sein, dass ich dann „publik", sprich öffentlich bin. Wenn ich Erotikgeschichten schreibe, und damit Erfolg habe, was ja Sinn und Zweck der ganzen Veranstaltung ist, wird mein Gesicht evtl. stets mit dem Bereich Erotik in Zusammenhang gebracht. Damit muss man dann leben … Ein Pseudonym kann eine elegante Lösung sein, allerdings wird jeder halbwegs findige Internetuser ziemlich schnell diese „Tarnung" auffliegen lassen können, wenn er es denn will.

Entscheide ich mich nun für das Aufbauen und Agieren als „Brand" (Branding kommt übrigens wirklich von dem Kennzeichnen der Tiere mit Brandzeichen auf der Weide, um sie eindeutig zu einer gewissen Herde zu zuordnen und vor Viehdieben zu schützen), muss ich hervorstechen, mich einprägen, mich in den Köpfen meiner (potentiellen) Leser verankern. Das ist leichter gesagt als getan.

MERKE

Die Gretchenfrage, die jeden irgendwann einholt, „Will ich Kunst machen oder Geld verdienen?"

WER BIN ICH?

Welches Genre darf es sein? Die meisten erfolgreichen Marken agieren in nur einem Bereich. Wer sich mit gleichem Markenauftreten also in verschiedensten Foren tummelt und auf allen Hochzeiten gleichzeitig tanzen will, muss ein Vielfaches an Kraft und Zeit aufbringen. Meine Empfehlung: Erst eines ausprobieren, sich eine zeitlang darauf konzentrieren und dann kann man ja von Blüte zu Blüte weiterfliegen … Nur allzu schnell verfranst man sich sonst und verfehlt das ohnehin schwer zu erreichende Ziel auf hundert Meter. Weniger ist mehr. Wer verschiedene Kompetenzfelder hat, kann diese nutzen, aber: Bitte nicht alles vermischen, es sei denn, es passt thematisch super zusammen. Andernfalls verwirrt mehr als dass man (Marken-)Kontinuität im Sinne von Wiedererkennbarkeit schafft.

- Für wen schreibst man?
- Was haben die Leser von den Büchern zu erwarten?
- Was ist anders als anderen Büchern dieses Genres?
- Wofür brennt man persönlich und: Spürt man das in den Büchern?
- Wie hochwertig und teuer sind die Bücher im Konkurrenzvergleich?
- Welche Autoren sind ein Vorbild und warum?
- Wie präsentieren sich diese?
- Kann man sich etwas von ihnen abschauen?
- Warum kaufen die Leser diese Bücher?
- Wie ist die Vernetzung?
- Man selbst bleiben, aber die Erfolgsmechanismen der anderen analysieren.

- Und noch einmal: Was machen die Bücher interessant(er als andere) für den Leser? (Schreibstil? Inhalt? Seriencharakter? Innovation? Originalität?)

Unabdingbar: Ein konkretes Ziel, das zwar ggf. angeglichen werden aber niemals aus den Augen verloren werden darf, motiviert und hilft, den Kurs beizubehalten.

Doch wie dieses Ziel definieren? Greife ich zu hoch? Oder brauche ich den Ansporn? Wie gehe mit einem evtl. Scheitern um?

MERKE

Denn wer nicht weiß, wo er hinwill, kann auch nicht ankommen.

Auch im Businessbereich werden ständig Ziele definiert. Übergeordnete und nach außen kommunizierte – die Vision. Aber auch interne, ja bei jedem Projektmanagement ist das Ziel Basis für alle weitere Vorgehensmaßnahmen.

Eine bestimmte Anzahl verkaufter Bücher? Gegenfrage:
- Wieviel bin ich (wirklich) bereit, dafür zu geben? Neues lernen? Sonntage vor dem Computer oder gar Flyer verteilend verbringend?
- Will ich Menschen unterhalten, Ihnen eine Freude machen, Wissen vermitteln?
- Will ich Erfahrungen teilen? Wenn ja, warum? Doch eher für mich (therapeutisches Schreiben)? Oder um Menschen Mut zu machen?
- Hab ich etwas (Neues) zu sagen? Will ich „nur" bekannt werden? Wenn ja, als was (außer als erfolgreicher Autor, bitte genauer definieren).

MERKE

Das Ziel nicht aus den Augen verlieren: Alles, was wir marketingtechnisch tun, tun wir, um eines zu erreichen: Eine Botschaft zu hinterlassen.

- Wie sieht mein idealer Leser aus?
- Genügt es mir, meinen Freunden und Bekannten von meinem Buch zu berichten?
- Will ich einen seriösen Verlag finden?
- Möchte ich vielleicht viel lieber als Verleger oder Lektor tätig werden, als selbst zu schreiben?
- Will ich (einfach) nur schreiben?
- Will ich eines Tages vom Schreiben leben können, auch wenn es ein recht steiniger Weg und ein nicht unbedingt leichter, bequemer Job ist? Ergo: Liebe ich das Schreiben so sehr, dass ich auch alles andere dafür in Kauf nehme? Will ich es (ernsthaft) probieren?

Der zweite Schritt: Was ist realistisch?
- Wie lange kann ich mir die Abende und Wochenenden um die Ohren schlagen, bis Gesundheit, Beziehung etc. ernsthaft darunter leidet?
- Kann ich beruflich eine Auszeit nehmen, um mich dem Versuch ganz und gar zu widmen?
- Wie sieht es mit meinen finanziellen und zeitlichen Ressourcen aus?
- Nicht zuletzt: Wie erfahren bin ich mit dieser Art von Arbeit? Bin ich effizientes Arbeiten gewohnt?
- Kann ich Rückschläge gut einstecken?

Foto: Gesicht zeigen, im wahrsten Sinne des Wortes, geben Sie dem Leser (visuelles) Futter, bitte keine unscharfen, dunklen, Home- oder Urlaubsfotos!

- Sein, wer man ist (sein will)
- Originell sein, aber nicht gezwungen.
- Niemals die Belange der Zielgruppe aus den Augen verlieren.
- Die großen Trends im Auge behalten, aber nicht blind folgen.

Nun heißt es, konsequent zu sein. Immer ähnlich auftreten. Ähnliche Assoziationen wecken. Wiedererkennbarkeit, auf allen Kanälen, wie – „ah, einen alten Bekannten wieder getroffen" – auch online und offline, zwei Welten -> ähnlicher Auftritt.

AUF DIE PLÄTZE, FERTIG … LOS

Kreation – ist der Schlüssel zur Aufmerksamkeit. „Kopfkribbeln" zu erzeugen ist schon die halbe Miete. Kreation ist die künstliche Verdichtung von Information in Wort und Bild. Kreation erzeugt Wirkung.

Was berührt, bannt den Blick des Menschen? Seien wir ehrlich, sind die geschriebenen Worte auch noch so schön, eines wirkt: Bilder. Vornehmlich andere Menschen ziehen den Blick magisch auf sich, egal ob hübsch oder hässlich, dick oder dünn. Der Mensch ist darauf gepolt, sich für andere Menschen zu interessieren. Das sollten wir nutzen, wenn wir agieren.

Problem: Durchschnittlich 13.000 Werbebotschaften erreichen uns jeden Tag.

MERKE

Nischenprodukte haben größere Chancen, wenn die Nische groß genug ist und das Buch innovativen Charakter hat.

In Deutschland buhlen bereits heute rund 60 Fernsehsender, 300 Radiostationen, 400 Zeitungen, 600 Zeitschriften mit Millionen von Werbebotschaften um unsere Aufmerksamkeit. Vom Internet mal ganz schweigen. Wie kann Werbung überhaupt noch funktionieren? Die Antwort: Über Information. Nur das, was Manschen interessiert, kann sie auch erreichen. Infotainement ist die galante Form der intendierten Kommunikation.

Unkonventionell, aber mit klarem Wiedererkennungseffekt ist z. B. die erfolgreiche Dove-Kampagne zu nennen. Statt magersüchtig anmutender Models wurden natürliche Frauen mit wohlproportionierten Figuren gezeigt. Dove präsentierte „normale Frauen" an Stelle von glatten Werbekörpern, wie sonst in der Kosmetikwerbung üblich. Es wurde mit diesem Vorgehen (und einem ordentlichen Werbebudget) große Aufmerksamkeit erzielt. Dass dennoch „nur" mehr Produkte verkauft werden sollen, bleibt mal dahingestellt, aber die Mission „Aufmerksamkeit" war erfolgreich.

FAZIT
Leser miteinbinden, Anregungen aufgreifen, sich nicht verunsichern lassen, aber offen sein ... und vor allem das Gefühl, dass Meinungen erwünscht sind, geben, auch mal zuhören. (Tipp: in beinahe jedem Forum taucht früher oder später ein Querulant auf, der meint, Sie hart angreifen müssen. Erste Regel: ruhig bleiben, eine Nacht drüber schlafen, am nächsten Tag kurz und knapp darauf eingehen - nur Argumente sprechen lassen ... oder aber komplett ignorieren und den Stinker „verhungern" lassen. Wenn er kein Futter kriegt, verliert

MERKE
Faustregel Werben bei Facebook und co. ist 10 : 2, maximal 8 : 2. Sprich, zehn „echte" qualifizierte Beiträge mit Mehrwert, dann kann man dem User auch mal Werbung „zumuten" ... (Mutige halbieren den Regelsatz) Wie müssen diese Werbebotschaften nun aussehen, um erfolgreich zu sein? Die Kernaussagen müssen schnell und leicht verstanden werden können. Außerdem spielt die Relevanz, Glaubwürdigkeit, Originalität eine große Rolle, und nicht zuletzt: die Kontinuität.

er in der Regel schnell die Lust und sucht sich ein anderes „Internetopfer". Solche Typen sind ein nicht unbekanntes Phänomen. Am besten gar nicht auf deren Niveau begeben/ möglichst nicht provozieren und aus der Reserve locken lassen. Oft kommen diese Leute auch mit völlig unsachlichen Argumenten. Aber statt seitenlang dagegen zuhalten: ein kurzer Absatz oder gar nichts. Das ist oft der schnellste Weg.)

Gewinnspiele

Gewinnspielen haftet schnell ein Billig-Image an. Unbestreitbar ist jedoch, dass sie nicht selten funktionieren. Denn der Mensch liebt Schnäppchen, noch mehr als Schnäppchen liebt er Geschenke. Dinge umsonst abgeben kann einen Aufmerksamkeitsschub auslösen, denn man gezielt nutzen muss. Gewinnspiele ohne besonderes Ziel sind nicht erste Wahl. Zuviel Aufwand, um das Gewinnspiel publik zu machen, für zu wenig Resonanz. Vielleicht haben dann zwar drei Leute mehr von dem Buch gehört, aber ob das etwas bringt ... Richtig die Werbetrommel zu rühren, ist der Zweck des Ganzen. Deshalb reicht es oft nicht, sein (unbekanntes) Buch als Gewinn feilzubieten. Ein Zusatz / ein „echter" Gewinn kann da helfen, mehr Teilnehmer zu generieren. Auf jeden Fall sollte es authentisch und passend sein. Es muss nicht viel kosten, wenn man kreativ ist: Ein ausgewähltes Teebeutelset zum Buch oder ansprechende Lesezeichen (ohne Werbung) können Menschen zu Mitmachen bewegen. Es muss sympathisch und liebevoll ausgesucht, bestenfalls hochwertig daherkommen. Natürlich ist es immer spannend, was die Konkurrenz macht. Aber – das ist nicht für jeden passend. Am besten ist, wenn ein unabhängiger Anbieter, sprich eine Zeitschrift oder auch ein Literaturblog die Bücher zum Gewinnen anbietet. Dann sieht es gleich viel weniger nach Eigenregie aus, die schnell den faden Beigeschmack des „Keiner-will-mein-Buch-kaufen-also-verschenk-ich-es" hat. Das Gleiche gilt leider auch oft für Aktionen, an denen man das E-Book kostenlos herunterladen kann. Erfahrungsgemäß lesen es nur wenige – erst einmal haben, aber dann fehlt oft die Zeit oder ernsthaftes Interesse. Ein Gewinnspiel sollte kurz durchkonzipiert werden: Was gibt es wie oft für wen und bis wann zu gewinnen? Wer sich unsicher ist, schaut sich einfach professionelle Gewinnspiele von angenehmen Anbietern an. Bitte nicht zu oft, ein- bis zweimal im Jahr genügt in der Regel. Damit sich die Aktion nicht abnutzt. Und: Klappern gehört zum Handwerk. Also gern schon etwas vor dem eigentlich Start des Gewinnspiels dieses attraktiv ankündigen. Etwas, worauf sich die Websitebesucher freuen können. Außerdem haben Sie dann einen weiteren Grund, die Site oder das Netzwerk wieder zu besuchen. Für die, denen das zu anstrengend ist, steht natürlich die Option bereit, sich über den Start des Gewinnspiels informieren zu lassen – via E-Mail. Und wieder hat man eine weitere, echte Mailadresse von potentiell Interessierten. „Mühsam ernährt sich das Eichhörnchen …"

Die Jahreszeit und Aufmachung ist auch eine Erwähnung wert. Im Dezember z. B. übertrumpfen sich die Einzelhändler und Unternehmen im Anbieten von Gewinnspielen, wie es scheint. Vielleicht weil im Weihnachtsgeschäft ca. 20 Prozent des Jahresumsatzes gemacht wird. Die Frage ist: Mitmachen und versuchen dagegen anzustinken oder sich lieber einen schwächeren Monat auszusuchen, wo man evtl. allein mit seinem Gewinnspiel ist, zumindest in einer bestimmten Nische ...

SOFORTMAßNAHMEN

☑ Für sich entscheiden, ob man zur „Marke" werden möchte.

☑ So oder so … Kreativ werden – Gewinnspiele, Aktionen, Leser mit einbinden.

☑ Eventuell Kooperationen oder kleine Werbemaßnahmen ausprobieren.

☑ Eigene Leidensfähigkeit und Geduld testen.

WOCHE 5

Buchläden aufsuchen (Kommission und Lesungen aushandeln), Website pflegen: Rezensionen und Feedback einfügen, Messeauftritt in Erwägung ziehen.

BUCHLÄDEN

Große Frage: Macht es Sinn oder ist es Zeitverschwendung?
Man kann nicht mal annähernd eine bedeutende Anzahl an Buchläden persönlich aufsuchen und auch dann gilt: Selbst, wenn Sie das Buch auf Kommission anbieten, bei mind. 30 %, die die Buchhändler nehmen (müssen), bleibt für den Autor nicht viel übrig. Ist es das wert? Lohnt es? Oder ist eher für das eigene Ego gut, sein Buch im Schaufenster zu sehen? Manchmal funktioniert es; es kann hilfreich sein, um in die lokale Presse zu kommen. Und solch ein Foto macht sich ganz gut auf der Autorenwebsite. Toll ist, wenn gleich eine (bezahlte) Lesung in der Buchhandlung dran hängt. Generell: Synergien nutzen! Eine Sache tun und auf vielfältige Weise davon profitieren.

Die Verlagsvertreter stoßen so oft an den Toren der Buchhandlungen, gerade bei Ketten, an ihre Grenzen. Dort haben sie ungefähr die gleichen (verschwindend geringen) Chancen, einen Buchtitel in den Regalen zu platzieren, wie Sie selbst als Autor.

Nichtsdestotrotz hat mir das Präsentsein, das Dorthinkommen, vor allem beim Nachfolgeroman, viel Motivation geschenkt, und so bin ich noch immer in einigen wenigen lokalen Buchhandlungen mit meinen Werken vertreten. Manchmal hat es positiven Einfluss auf andere Dinge, die man tut.

Solange es Freude macht, kann man es sich leisten. Wenn die Zeit für wirklich Wichtiges fehlt, sollte die Notbremse gezogen werden. Erst der Ruhm, dann die Buchhandlungen – es sei denn, Sie haben eine wirklich exponierte Stellung dort. So etwas ist natürlich unbezahlbar, aber leider auch so selten wie Schnee im Juli.

Qualitätsstandards
Viel diskutiert, viel beschworen, meist ignoriert. Schade, was da an Potential verschenkt wird … Ob Lektorat oder Korrektorat, Coverdesign und Buchsatz – wie bei der Vermarktung gilt: hochwertig und professionell.

In der Tat ist es so, dass ich an 99 % der selbst verlegten Bücher etwas auszusetzen habe. Nicht immer Gravierendes. Über Layout-Faux-Pas und wenige Flüchtigkeitsfehler kann ich gut hinwegsehen, aber schlechte Grafiken und abschreckende Cover (d. h. nicht, dass mir jedes Covermotiv gefallen muss, aber es sollte professionell wirken) sind für mich schon Aspekte, die mich die zahlreichen und manchmal scharfen Kritiker der „Selfies" verstehen lassen. Es ist leider so, dass manche erzählenswerte Geschichte in der Bod-Maschinerie untergeht, während einer langweiligen Hochglanzcover-Biografie große Aufmerksamkeit zuteil wird, zumindest vorübergehend. Einfach schon deshalb, weil der (vermeintliche) Autor einen gewissen Bekanntheitsgrad inne hat. Aber ok, der Leser entscheidet, was er lesen will. Natürlich ist auch die Auswahl in den Buchhandlungen beschränkt, und es kommt drauf an, was der Interessierte wo vorgesetzt bekommt. Viele Buchkäufe sind Gelegenheitskäufe, sprich, man kauft es, weil es einem da grad begegnet, da haben wir als Bod-ler natürlich oft das

Nachsehen, zumindest was die Präsenz in Buchhandlungen und einschlägigen Zeitschriften angeht. Nichtsdestotrotz: es kommt vor, dass (meist ohnehin schon) erfolgreiche Selfies von Verlagen übernommen und neu aufgelegt werden. Glückwunsch! Das Buch wurde geadelt. Aber auch z. B. beim Fachbuch ist es so, dass es nicht alle Verlagsangebote wert sind, angenommen zu werden.

Wer eine Nische gefunden hat, kann dort wunderbar seine Leser bedienen, vorausgesetzt, er hält die gewohnte Qualität bzw. ist gewillt, sich ständig zu verbessern.

PR – IN ZEITEN VON SOCIAL MEDIA

PR classic – früher hieß es auf dem klassischen Weg klassische Medien (Zeitung, Radio, etc.) zu kontaktieren.

Heute beginnt PR zu Hause. D. h. jeder Auftritt muss einheitlich und „menschlich" sein.

Ziel: Wir wollen über Social Media die Bekanntheit erhöhen und neue Zielgruppen erschließen. Dafür müssen wir uns einen starken (Online)Ruf aufbauen. Für eine breite Abdeckung der Social Media Kanäle spricht, dass Menschen unterschiedliche Plattformen zu unterschiedlichen Zeiten nutzen. Zudem sind sie dort in unterschiedlicher Funktion unterwegs. Wer beispielsweise als Geschäftsassistenz auf XING unterwegs ist, ist es auf Twitter als Bloggermama und auf Facebook als Musikbegeisterte.

REZENSIONEN UND BESPRECHUNGEN

Keiner will etwas von Ihnen … erst einmal. Sie müssen sich schon interessant machen; das ist bitte nicht mit Aufdringlichkeit zu verwechseln!

Was gehört in eine Informationsmail?
- ein Anschreiben mit einem interessanten „Aufhänger" (ggf. mit professionellem Autorenbild)
- eine Pressemitteilung zum Buch: Die fünf Ws beachten Was? Wer? Wo? Wie? Warum?
- ein kurzes Autorenprofil (aber bitte, es handelt sich nicht um einen Eintrag im Poesiealbum, bitte Hobby etc. weglassen, wenn es nicht unbedingt für das Buch relevant ist)
- Es sollte ein kostenloses Rezensionsexemplar angeboten werden.

„Kannste nicht mal …?"
Wenn Freunde und Bekannte helfen wollen und fake-Rezensionen auf amazon und co. schreiben, kann schnell das Gegenteil erreicht werden: Also nicht über den grünen Klee loben lassen. Aber wer das Buch gelesen hat, kann ruhig aufgefordert werden, eine ehrliche Rezension zu schreiben. Andernfalls lieber drauf verzichten, damit es nicht peinlich wird – mit dem Eindruck: „Der hat es ja nötig".

Nicht vergessen. Eine Mail ist keine Mail. Sprich, wer hofft, dass über ihn berichtet wird in irgendeiner Form, muss dranblieben, im Rahmen der Möglichkeiten und Fairness natürlich.

MERKE

Es gibt immer wieder Querulanten, die im Internet die „digitale Sau" rauslassen wollen. Früher oder später wird Ihnen sicher auch so ein Exemplar begegnen, dass unbedingt über ausgerechnet Ihr Buch herziehen muss. Oft sind es nicht einmal rationale Argumente, die angeführt werden, sondern einfach ein „Einzel-Shitstorm". Das Internet folgt eigenen Regeln und die Anonymität im Netz verleitet einige dazu, ihre gute Kinderstube zu vergessen. Erste Feuerwehrregel, wenn sich jemand öffentlich richtig böse über Ihr Buch ausgelassen hat: Ruhe bewahren. Lassen Sie sich nicht einfach provozieren, und schreiben Sie auf keinen Fall wutentbrannt blind drauf los. Schlafen Sie unbedingt eine Nacht drüber. Auch wenn es vielleicht nicht Ihre beste Nacht sein wird, lohnt es sich. Danach können Sie klarer entscheiden: Entweder Sie antworten ganz kurz und sachlich oder aber – und das funktioniert In den meisten der Fällen: Sie lassen den Stinker „verhungern", sprich, Sie reagieren gar nicht darauf. Schließlich müssen Sie sich nicht auf dieses Niveau begeben. Also, wie im wirklichen Leben, wer respektlos oder gar beleidigend wird, ist keiner Antwort würdig.)

Dauerhafte Beziehungen machen aber mehr her als andere ... Ordnen Sie die anzugehenden Medien unbedingt nach Genre, die Ansprechpartner nach Bereich, sonst scheitert eine gute Mail vielleicht einfach an der fehlenden Relevanz. Wie in der Schule: „Thema verfehlt".

Die Grenzen, auch bei Journalisten, sind inzwischen fließend: Kontaktieren Sie die, die zu Ihrem Thema passen, auch ggf. auf Facebook und co.: nicht überall, aber die wichtigsten sollten Sie besuchen, sich einen Überblick verschaffen und ggf. konsequent nutzen (es gibt inzwischen viele automatische Programme, die einen Ihrer Posts gleichzeitig auf allen Kanälen absetzen. Effizient: Ein Klick, vier Posts ...) Auch hier gilt: Vorüberlegung, Planung und regelmäßige Zwischenkontrolle ist die halbe Miete.

Fakten: Fast 80 Prozent der deutschen Internetnutzer sind bei einem sozialen Netzwerk aktiv. Das sind eine Menge Leute. Am verbreitetesten ist Facebook, doch auch Google+, XING, Twitter und LinkedIn sind in Deutschland hoch im Kurs. Instagram und Pinterest auf halber Höhe - je nach Thema. Und: Facebook & co. wird immer „älter": 67 Prozent der über 50-Jährigen sind in sozialen Netzwerken unterwegs. Über die Hälfte der Deutschen lieben Ihren Facebook-Account so sehr, dass sie ihn nicht einmal für 450 EUR löschen würden.

Messeauftritt

Auch wenn es aufregend ist, für die wenigsten Autoren lohnt sich ein Messeauftritt – es sei denn man darf sein Buch vorstellen oder hat eine nette Kooperation mit anderen „Selfies". Wenn sich engagierte Self-Publisher zusammentun, können sie einiges erreichen - so meine Erfahrung. Nichtsdestotrotz: Genau wie eine Lesung in einem weit entfernten Ort kann so ein Auftritt auf der Buchmesse allen Beteiligten viel Freude bereiten und eine tolle Erfahrung sein, ist aber auch ökonomischer Sicht meist schierer Blödsinn. Die vage Hoffnung, durch den eigenen Auftritt dort auf lange Sicht, von vieeeelen Buchverkäufen zu profitieren, stellt sich in der Regel als Humbug raus. Allein, wenn man mal nachrechnet, wieviele Bücher man verkaufen müsste, um Fahrt- und Hotelkosten, ggf. (Werbe)Material- und Standkosten (abgesehen von der Arbeitszeit, in der man anderweitig produktiv sein könnte) betrachtet, wird schnell klar, dass das ein Minusgeschäft wird. Kommt man z. B. auf nur 300 EUR Kosten, sind das bei einem durchschnittlichen Gewinn für Taschenbücher bei max. einem Euro, 300 Bücher (!), die man auf Schlag verkaufen müsste. Und zwar ohne zusätzliche Werbung bzw. bei der Riesenkonkurrenz, die auf Buchmessen vertreten ist …

Natürlich gibt es auch noch andere bzw. kleinere als die beiden bekannten Buchmessen in Leipzig und Frankfurt. Je nach Thema, Entfernung und Kosten kann es sinnvoll sein, hier mitzumachen; einfach ausprobieren: „Versuch macht kluch!"

MERKE

Seien Sie ehrlich zu sich selbst: Fragen Sie sich immer, ob Sie selbst an Ihrem Stand stehen bleiben würden und wenn ja, warum. Wichtig ist, vorher zu klären, ob Sie eher Endkunden (Leser) oder Vermittler (Verleger, Buchhändler) ansprechen wollen.

Aber bitte nicht unvorbereitet: Wer mit hochkopierten Flyern und Omas Tischdecke zum Stand kommt, kann es eigentlich gleich bleiben lassen. Ein attraktiver und halbwegs professioneller Auftritt ist Pflicht. Gern auch ORIGINELL! Schlagen Sie nicht zu sehr über die Strenge, werden Sie nie geschmacklos, aber … bieten Sie etwas Besonderes. Der Mensch ist von Natur aus neugierig und liebt Neues, also los. Denken Sie sich einen Hingucker aus – ohne zu verschrecken. Das kann ein plakatierter Spruch à la „Der Trend geht zum Zweitbuch" sein. Oder ein ansprechendes Bild, das irgendwie mit dem Thema zu tun hat. Es kann auch eine Rabattaktion oder ähnliches sein, aber machen Sie sich immer bewusst, dass es in Deutschland eine Buchpreisbindung für neue Bücher gibt und: Wer über den Preis geht, hat oft schon verloren … Bieten Sie im Zweifel lieber eine kleine thematisch passende Zugabe an, aber Achtung – auch hier gibt es Regeln und Gesetze, was in welchem Wert bei welchem Kauf zulässig ist. Mit individuellen Lesezeichen aus Papier gibt es da allerdings keine Probleme (es sei denn, sie sind mit echten Diamanten besetzt …)

SOFORTMAßNAHMEN

- ☑ Weitere Kreise ziehen. Rechner zu Haus verlassen und hinausgehen: Buchläden und ähnliche kontaktieren. Einen Versuch ist es wert.

- ☑ Im kleinen Kreis (zum Beispiel über Buchblogs oder Themenseiten) Werbung machen.

- ☑ Lesungsorte auskundschaften und mit Minikonzept (No GO: „Ja, gern können Sie hier lesen. Wie haben Sie sich das denn vorgestellt?", „Ähhhhhh") dort anfragen.

WOCHE 6

Kontaktpflege, Menschen erreichen, Wort ist Trumpf,
Preise – das Spiel mit den Zahlen, Zeitmanagement
und Effizienz.

KONTAKTE KNÜPFEN MIT ANDEREN AUTOREN

Schauen Sie sich um, gehen Sie mit offenen Augen durchs Leben; auf der Straße und im Netz. Überall gibt es (virtuelle) Treffpunkte für Kreative. Probieren Sie aus, schauen Sie, halten Sie die Ohren offen. Gucken Sie, was andere tun, profitieren Sie von deren Erfahrungsberichten. Natürlich sollen Sie eigene Erfahrungen machen, aber schauen Sie immer rechts und links von sich. Was geht da ab? Was könnte passen? Was passiert da und warum? Wie könnte ich das nutzen? Sie sollen nicht blind kopieren oder irgendwelchen Trends hinterherlaufen, aber offen bleiben für alles. (Wenn Sie irgendwann herausgefunden haben, was für Sie am besten ist, können Sie sich auf Ihr Kerngeschäft konzentrieren, aber bis dahin sollten Sie erst einmal herausfinden, was da ist.) Manch einer avancierte auch vom Autor zum Verleger oder Lektor, einfach weil er bemerkte, dass ihm das viel mehr liegt, als das eigentliche Schreiben. Ob man davon (besser) leben kann, sei einmal dahingestellt, aber oft macht einem das, was man gut kann, auch am meisten Spaß.

Beim Austausch (im Netz) kommt es darauf an, zu geben und zu nehmen. Also wenn Sie Informationen haben, die anderen Autoren nützen können, zögern Sie nicht, diese zu teilen. Bleiben Sie aufmerksam und zurückhaltend, was Meinungen angeht. Bedenken Sie stets, bevor Sie einen (öffentlichen) Post schreiben: Das Netz vergisst nie! Alles, was Sie schreiben, wird mit großer Wahrscheinlichkeit sehr sehr lange im Netz auffindbar sein. Für Ihre Leser, Ihre Konkurrenten, aber auch Ihren Chef und Ihre Familie.

Bei Medien freundlich nachhaken: Nutzen Sie bestehende Kontakte und sammeln Sie stetig neue. Z. B. wenn Sie einen interessanten Artikel lesen, versuchen Sie den Kontakt des Autors herauszukriegen, dann können Sie ihn das nächste Mal direkt ansprechen statt einfach an „die Redaktion" zu schicken. Manche Autoren tauschen auch Ihre Pressekontakte untereinander. Dies ist mit Vorsicht zu genießen; niemand will seine Kontakte verbrannt wissen, also nur vertrauenswürdigen Personen mit dem nötigen Feingefühl anvertrauen, andernfalls ist mehr verloren als gewonnen.

Autorennetzwerk
Gelegenheit macht Lesungen: Meine schönsten Erfahrungen hab ich bei Gemeinschaftslesungen gemacht. Vorteil, man kann sich einklinken bzw. die Arbeit teilen. Und das Publikum ist eine bunte Mischung. Allerdings sollte man dramaturgisch darauf achten, dass es nicht zu bunt wird und man die Geduld des Publikums nie überstrapaziert, indem z. B. sechs Teilnehmer jeweils 45 Minuten, lesen, und dann gar noch ohne Pause … Das haut selbst den stärksten Bücherwurm aus den Socken. Stets auf ein unterhaltsames, angenehmes Programm achten – das ist mancherorts leichter gesagt als getan, weil man z. B. partout nicht weiß, wer da an diesem Abend kommen mag … Dann ist es gut, mehrere Varianten in petto zu haben, um auf die aktuelle Publikumszusammensetzung reagieren zu können.

Die Lesenden sollten sich idealerweise schon kennen, bzw. im Vorfeld getroffen haben und/ oder professionell agieren. Wichtig sind auch dezente Hinweise, wenn ein Vortragender überzieht. Dann kann eine kleine Glocke, eine Handbewegung oder ein Codewort den Lesenden darauf hinweisen, schnellstmöglich zum Ende zu kommen, schließlich ist es keine Oneman-Show, sondern man geht als Team auf die Bühne.

Auch über allerlei praktische Dinge, wie Künstlersozialkasse, VG Wort, Druckereien oder Korrektorat kann man sich prima im vertrauen Kreis austauschen. Das spart oft Zeit und Nerven, und motiviert nicht selten darüber hinaus. Abzusehen sind von gegenseitigen Beschimpfungen und Endlosdiskussionen, die zu nichts führen. Ich sage das hier nur, weil ich es leider immer wieder erleben musste, wie sich die Leute gegenseitig an die Gurgel gingen, statt konstruktiv zu bleiben oder einfach – Entschuldigung – an der richtigen Stelle die Klappe zu halten bzw. die Tastatur zu verschonen. Im Ganzen aber kann so ein Netzwerk mehr als nett und sinnvoll sein; es kann definitiv auch verkaufsfördernd wirken.

Dranbleiben, nach Höherem streben, Lesungen besuchen: Wer vorhat, nur ein einziges Buch zu schreiben, kann diesen Teil des Buches überspringen. In aller Regel jedoch stellt sich der Erfolg erst mit den Folgebüchern ein … Deshalb gilt: Weitermachen, besser werden, dazulernen.

Sie sind unsicher, was Lesungen angeht? Dann besuchen Sie welche. Am besten von mehr oder weniger erfolgreichen Autoren – und welchen, die in Ihrem Genre unterwegs sind. Ob digital oder „analog", bei Lesungen sehen Sie, wie es andere machen.

- Wie begrüßen, faszinieren Sie das Publikum?
- Was lesen sie?
- Und wie lange?
- Wann gibt es Pausen und an welchen Stellen?
- Was macht eine gute Lesung Ihrer Meinung nach aus?
- Was ist verbesserungswürdig?
- Wie ist das Lesetempo und der (Augen-)Kontakt zum Publikum?
- Wie ist die räumliche Situation? Welche Werbung wurde im Vorfeld gemacht?
- Wie ist die Reaktion der Zuhörer?
- Wie ist die Lautstärke?
- Wie hoch war der Eintritt? Wie viele Zuhörer sind interessiert und stellen danach Fragen / kaufen ein Buch?

Werbetexter
Viele Autoren waren oder sind auch Werbetexter: Günter Grass war mal einer, Martin Suter und viele andere. Das kann nicht schaden …

Text ist nicht alles, aber eine ganze Menge: Sie als Wortjongleur sollten das Potential und die Macht des Wortes nutzen – auch im Marketing. Schon Kleinigkeiten können Unterschiede machen: In einer Studie der Carnegie Mellon University stiegen die Testkäufe für ein DVD-Abonnement um 20 Prozent an. Einzig ein Wort wurde im Text geändert: von „eine Gebühr von fünf Dollar" zu „eine geringe Gebühr von fünf Dollar". Auch hier gilt, weniger ist mehr. Wer einen kompletten Werbetext schreibt, der vor „Sonderangeboten"-, „Jetzt zugreifen"- und „Nur noch vier Stunden gilt dieses Angebot"-Hinweisen nur so strotzt, wird seine Leser und Kunden wohl nur verschrecken. Gerade Deutsche sind da doch noch viel sensibler als viele Amis; bei einigen kann es da gar nicht genug blinken und leuchten.

Zwar funktionieren Verfahren wie künstliche Verknappung, „nur noch drei Exemplare" vorrätig, Zeitdruck, „Das Angebot gilt nur heute" oder auch der Anker-Effekt, neben einem 50 EUR Buch wirkt ein 20 EUR gleich preiswert, aber eben nicht immer. Und gerade in unserem Sektor muss man aufpassen, mit solchen Aktionen nicht schnell in die „Billigheimer"-Kategorie abzurutschen, mal ganz abgesehen davon, dass man durch die Buchpreisbindung in Deutschland eh nur begrenzten Spielraum hat. (Auch was Zugaben angeht, muss man Regeln einhalten; diese dürfen einen bestimmten Wert (in Relation) zum gekauften nicht übersteigen ... und: Meist ist es auch nicht wirtschaftlich, in große Zugaben zu investieren.

PREISE

Mit niedrigen Preisen werben?
Der Preiskampf hat nicht zuletzt auch den Buchmarkt erreicht, allein der E-Bookmarkt scheint sich mitten im Gefecht zu befinden, allerorts werden E-Book schon unter einem EUR angeboten. Macht es Sinn, dort mitzumachen? Ja und nein, bei einem guten Fachbuch ist der Preis vermutlich eher zweitrangig. Bei Unterhaltungsliteratur sieht es da vielleicht schon wieder anders aus.

Im Marketing sieht es zur Zeit so aus: Die Standford University sieht günstige Preise eigentlich gar nicht als Vorteil. In Studien erinnern sich Konsumenten viel positiver an ein Produkt, wenn sie sich die Zeit ins Gedächtnis rufen, die sie mit dem Produkt verbracht haben. Die Ersparnis ist da uninteressant. Die persönliche Verbundenheit ist wichtiger. Es gibt – grob überschlagen – zwei Arten von Einkäufen: Solche, die mit Erlebnissen zu tun haben, und solche mit materiellem Charakter. Je nach Produkt sollte man seine (Werbe-)Botschaft also formulieren. Nun ist das beim Buch so ein Zwischending. Natürlich geht es um das Erlebnis mit dem Buch, der Lesegenuss oder der Wissenstransfer, jedoch weiß der Leser noch nicht, was ihn mit dem Kauf diesen Buches nun konkret erwartet. Sicher hat er bereits verschiedene – gute und schlechte Erfahrungen – mit diversen Büchern gemacht. Also ist schwer zu sagen, was hier bei herauskommt. Er kauft gewissermaßen die Katze im Sack – und die sollte meines Erachtens, gerade wenn er kein Wiederholungstäter ist, sprich das erste Mal ein Buch von Ihnen kauft, nicht zu teuer sein. Zu teure „Katzen" können dann nämlich leicht zur Hemmschwelle werden.

Das Umfeld entscheidet mit, deshalb ist es oft besser, dem Leser über die eigene, ansprechend gestaltete Website zur Buchverkaufsseite zu leiten (von der Nutzung der Affiliate-Programme, über die sich ggf. zusätzlich ein paar EUR verdienen lassen) ganz abgesehen) als sie direkt zu einer solchen zu schicken (Ausnahmen bestätigen wie immer die Regel). In einer weiteren Studie, die im New York Times Magazin publiziert wurde, waren Kunden bereit, mehr Geld für das gleiche Bier zubezahlen, wenn es aus einer ansprechenden Hotelbar stammte und nicht aus dem Supermarkt. Der Kontext entscheidet also immer mit.

Der Ratschlag des Experten: Potenzielle Kunden sollten subtile Hinweise bekommen, die Premium-Preise rechtfertigen – etwa über Texte und Testimonials – denn die Wahrnehmung bestimmt wie der Produktpreis wahrgenommen wird. Was heißt das für uns? Eine ansprechende Website, ein vertrauenswürdiger, interessanter Auftritt und bei Fach- oder Sachbüchern eine Art Kompetenzbeweis sind die Grundlage für den Buchverkauf. Wer optisch in Sack und Asche daherkommt, wird es auch verkaufstechnisch schwerer haben als diejenigen, die Wert „auf's Äußere" legen, vom Cover bis zum Flyer.

Viele große Unternehmen setzen inzwischen auf Kontext-Marketing: Kommt der Kunde nicht zu mir, komme ich zum Kunden ...

Eine Botschaft wird oft erst dann wahrgenommen, wenn sie in die Situation passt. Um in der Informationsflut wahrgenommen zu werden, müssen Botschaften für den Empfänger relevant sein. Diese ergibt sich jedoch erst zu einem bestimmten Zeitpunkt, von der aktuellen Verfassung der Person abhängig - oder dem Umfeld.

Wenn möglich sollte also ein umfassenderes Bild des Kunden und seines aktuellen Lebenskontextes erstellt werden, um ihn besser zu erreichen. Es geht um Kommunikation mit Mehrwert und den Aufbau einer Beziehung. Relevanter Content, der an die Lebenswirklichkeit und die individuelle Situation anknüpft, ist das Ziel – man muss wissen, wie der Kunde sich „normalerweise" verhält und welche Wünsche und Interessen er wann hat. Auch die (gewohnheitsmäßigen Shopping) Kanäle sind wichtig. Wo kauft er bevorzugt ein? Dafür ist allerdings Big Data nötig. Technologien, die Verhaltensmuster analysieren …

Der Erfolg liegt im Zusammenspiel
- der relevante Content: Produktinfos und Rabatte reichen nicht aus. Spezifischer Content, der zur aktuellen Lebens- beziehungsweise Kaufsituation des Konsumenten passt, ist nötig.
- zum richtigen Zeitpunkt: Der konkrete Zeitpunkt ist ausschlaggebend. Zu wissen, wann und was ein Kunde üblicherweise zu Mittag isst … kann ein bedeutender Hinweis sein.
- der entsprechende Kommunikationskanal: Nichts läuft ohne den passenden Kanal.

Wie wir die Bindung zu unseren Zielgruppen stärken
Wir suchen den Dialog. Wir vernetzen unsere Inhalte miteinander (Links), um Synergien zu nutzen (Crossmarketing) und beteiligen uns an relevanten Diskussionen.

Messbarkeit, Kennzahlen, ROI? Return of invest. Interessant ist unterm Strich, was „bringt" das alles eigentlich?
Führen Sie ein Tagebuch. Schreiben Sie auf, was Sie wie wann wo gemacht haben – mit Zahlen und Fakten. Dann schauen Sie die Entwicklung Ihrer Internetbesuche, Leseanfragen,

Buchverkäufe an. Kein Zusammenhang erkennbar? Dann muss man evtl. über einen längeren Zeitraum schauen oder neues ausprobieren. Das, was funktioniert, sollte man optimieren. Alles andere runterfahren, vor allem schauen, wo man arg viel Zeit verplempert (auch wenn es vielleicht Spaß macht).

Notieren Sie akribisch Ihre „Arbeitszeiten" am Buch
Entdecken Sie nebenbei Zeitfresser und eliminieren Sie diese oder packen Sie sie eben auf den Haufen „Hobbyzeit".
HELPER: Skype für Gespräche, Dropbox für Datentransfer und Google+ für Hangouts (Zusammenarbeit in Gruppen/Meetings) – alles kostenfrei.

TWITTER & CO.

Wer wem auf Twitter folgt, hat quasi ein Abo: Sieht, was der andere schreibt, empfiehlt, verlinkt (Bilder, Filme, Beiträge). Empfehlungen über die Retweetfunktion tragen zur Verbreitung bei. Mit Hilfe eines Hashtags (#) werden Themen zusammengefasst. So ein Nachrichtenstrom kann über Twitter sehr schnell Tempo aufnehmen. In der Timeline sieht man die Aktionen der anderen Twitterer. Pflegen Sie Ihre Social Identity. Benuzen Sie möglichst den gleichen (und einen passenden) Namen. Schützen Sie diesen auch auf den bedeutenden Plattformen, wo Sie nicht aktiv sind, einfach um zu verhindern, dass jemand anderes Ihren Namen nutzt.

Die Beziehungen auf Google+ werden in so genannten Kreisen organisiert. Bei jedem Inhalt, den man teilt, kann man festlegen, welche „Kreise" den Inhalt sehen sollen. „Hangouts" können von jedem Teilnehmer gestartet werden: Videokonferenzen für und in bestimmten Kreisen.

Vorteil Man kann über die Social-Plattformen als Künstler dem „Fan" ganz nah sein. Quasi aus dem Wohn- oder Arbeitszimmer schreiben/ berichten.

Wenn Menschen zu Suchmaschinen werden: Sie selektieren. Sie filtern im Netz. Tipps und Meinungen von anderen im Web mobilen Menschen werden immer wichtiger, z. B. schon, obwohl sie gar nicht persönlich miteinander bekannt sind. Die Menschen im Web sind durch gemeinsame Interessen verbunden, nicht nur durch demografische, d. h. Emotionen und Relevanz ist wichtig. Drei Dinge stehen im Vordergrund: Identität, Beziehung und Information/ Unterhaltung. Unsere Beiträge sollten also den Erwartungen der Leser entsprechen bzw. darüber hinaus gehen.

Die 90 – 9 – 1 Regel im Internet besagt: Ca. 90 Prozent lesen, 9 empfehlen weiter, 1 ist selbst aktiv und verfasst Beiträge. D. h. wir haben viel mehr Leser als Kommentatoren, d. h. diese werden nicht unbedingt wie gewünscht aktiv.

Kontrollfragen
- Wie viele Besucher kommen über die (nicht gesponserten) Suchmaschinenergebnisse auf meine Website?
- Wie viele über die Social Media Plattformen (Twitter, Xing, Facebook)? Schon einfache PlugIns, z. B. bei WordPress Seite, können die Anzahl der Besucher anzeigen. Für die

Analyse der Herkunft müssen Sie dann allerdings google analytics bemühen.
- Wie viele Blogs verlinken auf meine Website?
- Zahl der Gefällt-mir-Klicks auf Facebook?
- Wiederkehrende Besucher? Regelmäßige Blogleser?
- Anzahl der Buchverkäufe im Onlineshop/ als Direktbestellung über Facebook/ Mail/ etc.?
- Welche Inhalte werden von den Usern geteilt, sprich weiterempfohlen?
- Wie oft wird ein bestimmter Hashtag genutzt (z. B. Titel Ihres Buches)?

„Zusammen sind wir stärker".
In der Tat kann man zusammen als Autorenverbund eine Menge (mehr) bewegen und (leichter) erreichen. Es gibt alles – vom losen, temporär begrenzten Zusammenschluss über feste Gruppen bis hin zu eingetragenen Vereinen und Berufsverbänden. Was zu einem passt, welche Rechte und Pflichten daran hängen, kann und sollte im Vorfeld genau abgeklärt werden. Denn oft entdeckt man nach der Anfangseuphorie: 10 Autoren, 11 Meinungen.

Wer Sitzungen und ein gewisses Maß an „Vereinsmeierei" nicht fürchtet, ist dort echt gut aufgehoben und kann z. T. von erheblichen Vorteilen profitieren.

Nicht vergessen
Sie agieren jetzt in Personalunion als Autor, Künstler, Experte, PRler, Werber und ... UnternehmerUnternehmerUnternehmerUnternehmerUnternehmerUnternehmerUnternehmer!

Alles, was Sie tun, muss nach dem (geschäftlichen) Nutzen ausgerichtet und bewertet werden. Das bedeutet nicht allein, dass sich das an Buchverkäufen misst, sondern auch an den Vor- und Nebenaspekten wie Bekanntheit, Image und Cross-Selling (kaufen Interessierte vielleicht gar nicht Ihr beworbenes Buch, aber dafür etwas anderes bei Ihnen?). Wo sich (Markt-)Lücken erkennen lassen, wird zugeschlagen. Nicht blindlinks und überhastet, sondern gezielt. Macht es Sinn, dort das und hier jenes zu machen? Dort einzusteigen oder endlich ein Buch über xy zu schreiben? Etwas noch nie Dagewesenes zu publizieren? Vielleicht jedoch gibt es auch einen guten Grund, warum noch niemand so etwas geschrieben hat?! Auch diese Überlegung sollte miteinbezogen werden. Manches lohnt nicht, vieles muss man (leider) ausprobieren und anderes wird ein Jahr später vielleicht (gut) kopiert von jemand anderen auf den Markt geworfen und ein voller Erfolg. Shit happens. Davor ist niemand gefeit. Hier trennt sich die Spreu vom Weizen; wer durchhält und wer das Handtuch wirft. Nicht jeder ist zum Autor geboren, bei manchen ist das Schreiben auch „nur" eine (Lebens-)Phase und bei wieder anderen bleibt es einfach die „schönste Nebensache der Welt". Wer aber damit Geld verdienen will, muss sich immer wieder der harten Realität stellen und dem Buchmarkt ins Auge sehen: Es hat niemand auf Sie gewartet. Beim ersten Buch. Beim zweiten schon, wenn Sie Glück haben. (So war es bei mir mit der Hundebuchreihe) Und wenn Sie Fleiß und Ehrgeiz – von Talent will ich hier gar nicht reden – an den Tag gelegt haben, auch beim dritten und vierten. Bei meinen Hundebüchern hatte ich irgendwann einen richtigen kleinen Leserstamm, der nicht nur meinen Hundeblog auf einer beliebten Hunde-Plattform verfolgt und kommentiert hat, sondern auch eine Reihe von Vor- und Direktbestellungen. Es hat sich für mich gelohnt; so sehr, dass ich sogar eine Reihe von kleinen Anzeigen im Buchmagazin geschaltet habe. Auch sie haben sicher rentiert, aber eben nur gerade so. Da kommt wieder die Kalkulation „Aufwand – Marge" ins Spiel. Meine Taschenbücher, zum Teil mit vielen farbigen Fotografien unterfüttert – waren zu preiswert, um damit langfristig klassische Werbung zu finanzieren. Also stieg ich wieder mehr ins Netz ein. Ich suchte mir ein zweites Hundeforum, auf dem ich aktiv werden konnte. Alsbald boten sie nicht nur meine Bücher an, sondern ich wurde auch Jurorin für diverse Aktionen, was meiner Bekanntheit weiterhin zugute kam – vor allem aber meinem Selbstbewusstsein.

PS.
XING – Ein gutes Bild, ein professioneller Text. Bereich „Persönliches" / „Profildetails" ist wichtig: Die Einträge hier lassen sich besser von Menschen gleicher Interessen, etc. gefunden werden. Jobs, Gruppen, Events, Vorlieben.

Nutzen Sie die „Ich suche" / „Ich biete" Funktionen. Bei „Interessen" tragen Sie Relevantes ein. „Berufserfahrung" kann spannend sein, vor allem, wenn Sie Fachbuchautor oder „Spezialist" in einem Bereich sind. Das Gleiche gilt für „Ausbildung".

SOFORTMAßNAHMEN

- ☑ Dranbleiben – Medien, Netzwerke, interessierte Leser oder Buchhändler, Leseorte.

- ☑ Referenzen sammeln. Website und Medienkanäle aktuell halten und um spannende Details ergänzen.

- ☑ Werbung: Aussortieren, was (nach Gefühl) nicht funktioniert, andere Aktivitäten verstärken.

- ☑ Und: Abgucken, wie machen es die anderen (Erfolgreichen)?

FOLGEWOCHEN

Langfristig planen: PR Kontakte aufbauen und nutzen, Mediaplanung, Lesungen organisieren, weitere Bücher schreiben, vernetzen, bewerben – Analyse und die Erfahrungen nicht vergessen, was hat wo und wie funktioniert? Was nicht? Resultate nutzen, um effektiver zu werden.

FAZIT

- ☑ Sechs Wochen, sechs Monate, ja, manche brauchen Jahre ... beobachten Sie den Markt!

- ☑ Was schafft man in sechs Wochen?

- ☑ Einige grundlegende Fragen zu beantworten – sich und anderen, im Hinblick auf Buch, Intention, Ziel, Opferbereitschaft und Marketingfragen

- ☑ Sich einen Überblick zu verschaffen

- ☑ Sich überlegen, was man an Werbung ausprobieren möchte, wie viel man investieren mag/ kann und was man dafür kriegt.

- ☑ Eine Basis schaffen. Das ist das Wichtigste: Website, Flyer o. ä., Profile in den Sozialen Medien

- ☑ Kontakte knüpfen / Adresspool anlegen

- ☑ Ausprobieren

Link- und Literaturliste
PR im Social Web (Schindler, M. C. und Liller, Tapio)
SEO-GURU (Linke, Marco)
Werbung in Theorie und Praxis (Schneider, Karl)
GRUNDLAGEN DES MARKETING (Schilling, Barbara)
Literaturcafe.de
Uschtrin.de
bod.de/autorenpool
Facebook.com
Xing.de
Twitter.com
Linkedin.de
marketing-muse.de
designers-inn.de

GRUNDLAGEN DES MARKETING
BARBARA SCHILLING

„Dieses Buch vereint anschaulich die Marketing-Grundlagen aus Theorie und Praxis und ist sowohl für Marketingfachleute in der Ausbildung als auch in der Arbeitswelt geeignet. Aus dem Inhalt: Markt und Wettbewerb, Marketing-Mix, Werbelehre, Planung, Konzeption, Kommunikationspsychologie, Multi- und Social-Media, Gestaltung, Research, Nachhaltigkeit.
In der zweiten Auflage befinden sich zusätzlich Kontrollfragen und -antworten zum Gelesenen - als Selbsttest im Anhang."
 ISBN 978-3839166468
WWW.MARKETING-MUSE.DE

DESIGN KALKULIEREN
MARCO W. LINKE

„Schritt für Schritt wird euch erklärt, wie ihr konkurrenzfähige und kostendeckende Angebote erstellt: Der kleine Leitfaden soll jungen wie gestandenen (Web-)Designern, Textern und Konzeptionern helfen, Aufträge richtig einzuschätzen und Leistungen gewinnbringend zu kalkulieren." ISBN 978-3732244836